世界一美味しい！のっけレシピの本

JN013752

藤井 恵／つむぎや

もくじ

この本での約束ごと

・1カップは200ml、大さじ1は15ml、小さじ1は5mlです。

・めんつゆは、ストレートタイプを使用しています。2倍や3倍濃縮を使う場合は、薄めて必要量を用意してください。

・オリーブ油は「エキストラ・バージン・オリーブオイル」を使っています。

・だし汁は、昆布やかつお節などでとったものを使ってください。

・「ひとつまみ」とは、親指、ひとさし指、中指の3本で軽くつまんだ量のことです。

・電子レンジの加熱時間は600Wのものを基準にしています。500Wの場合は、1.2倍の時間を目安にしてください。機種によっては、多少差が出ることもあります。

のっけごはん人気ベスト20

卵黄、しらす、万能ねぎ

しらすに万能ねぎとごま油を混ぜて、香りよく。のりの風味と相まって、ごはんがもりもりいけます。しらすのかわりにじゃこ、卵は全卵でもOK。残った卵白は、汁ものに加えてかき玉汁に、卵焼きやチャーハンに使っても。

●材料（1人分）

卵黄…1個分

A | しらす…大さじ3
  | 万能ねぎ（小口切り）…2本
  | ごま油…大さじ½
  | 塩…小さじ⅓

刻みのり…ひとつまみ

ごはん…茶碗に大盛り1杯分

① ごはんに混ぜたA、卵黄、刻みのりをのせる。

卵黄、レンチンキャベツ、粉チーズ

電子レンジで加熱したキャベツの甘さに、粉チーズのコク、黒こしょうがピリッときいて美味。野菜はこのほかアスパラや小松菜など、アクのない野菜なら、何でもよく合います。ハムを加えてボリュームアップするのもおすすめ。

●材料（1人分）

卵黄…1個分

キャベツ（ざく切り）…2枚

A | 塩…小さじ⅓
　 | バター…10g

粉チーズ…大さじ2

ごはん…茶碗に大盛り1杯分

粗びき黒こしょう…少々

① 耐熱ボウルにキャベツを入れ、ラップをかけて電子レンジで2分加熱し、水けをきってAを混ぜる。粉チーズ、卵黄とともにごはんにのせ、黒こしょうをふる。

温玉、高菜漬け、かいわれ

刻んである高菜漬けを使えば、ぐっと手間いらず。
野沢菜漬けやしば漬けで作ったり、
つぼ漬けでも、また違った味わいになります。
とろりとした温泉卵のまろやかさに、
かいわれのピリリとした辛みを合わせるのがコツ。

● 材料（1人分）

温泉卵（作り方はp36へ）…1個
刻み高菜漬け…大さじ3
かいわれ（長さを半分に切る）…⅓パック
焼きのり（ちぎる）…全形¼枚
ごはん…茶碗に大盛り1杯分

① ごはんにかいわれの根元、高菜、温泉卵、
かいわれの葉をのせ、のりを散らす。

チーズスクランブルエッグ、たらこ、サニーレタス

●材料（1人分）

- A | 卵…1個
  - ピザ用チーズ、牛乳…各大さじ2
  - 塩、こしょう…各少々
- たらこ（1cm幅に切る）…¼腹（½本・20g）
- サニーレタス（ひと口大にちぎる）…1枚
- サラダ油…小さじ1
- ごはん…茶碗に大盛り1杯分
- マヨネーズ…適量

① フライパンにサラダ油を熱し、混ぜたAを流し、
中火で大きく混ぜてやわらかめのスクランブルエッグを作る。
サニーレタス、たらことともにごはんにのせ、
サニーレタスにマヨネーズをかける。

ピザ用チーズ入りのふんわりエッグと、たらこを一緒に食べるのがポイント。卵は中火で大きく混ぜて焼き、とろとろに仕上げると、ごはんにからんで最高！野菜は、水菜やクレソンもおすすめです。

ツナ、ゆずこしょう、のりマヨ、

ツナに食欲をそそるゆずこしょうの香りと辛み、マヨネーズをざっくり混ぜて、ほどよくマイルドに。蒸した鶏肉、さば水煮缶で作ったり、水菜を加えても。風味のよい焼きのり、白ごまと合わせれば、わが家の定番になること間違いなしです！

●材料（1人分）

A｜ツナ缶（汁けをきる）…小1缶（70g）
　｜マヨネーズ…大さじ2
　｜ゆずこしょう…小さじ1
　｜しょうゆ…小さじ½
刻みのり…ひとつまみ
ごはん…茶碗に大盛り1杯分
白いりごま…少々

① ごはんにのり、ざっくり混ぜたAをのせ、白ごまを散らす。

8

鮭フレーク、おろし、ポン酢

ポン酢であと味をさっぱりさせつつ、
七味の辛みをきかせるのがミソ。
万能ねぎは水の中ですぐようにすると、
くるんとカールしてかわいい。

●材料（1人分）

鮭フレーク…大さじ3

大根おろし（水けを軽くきる）
　…3cm分

万能ねぎ（斜め薄切りにし、
　水にさらす）…1本

ポン酢じょうゆ…大さじ1

ごはん…茶碗に大盛り1杯分

七味唐辛子…少々

① ごはんに鮭フレーク、大根おろし、
万能ねぎをのせ、ポン酢をかけて七味をふる。

ツナ、トマト、タバスコ

トマトの酸味にタバスコをきかせた、
サルサソース風のピリ辛味です。
ツナのかわりに「スパム」で作ったり、
コーンや香菜、粉チーズを加えても。

●材料（1人分）

ツナ缶（汁けをきる）…小1缶（70g）

トマト（1cm角に切る）…1個

ピーマン（5mm角に切る）…½個

A｜レモン汁（または酢）…小さじ2
　｜オリーブ油…小さじ1
　｜タバスコ…小さじ½
　｜塩…小さじ¼

ごはん…茶碗に大盛り1杯分

① ボウルにAを入れて混ぜ、
ツナ、野菜を加えてあえ、ごはんにのせる。

油揚げ、プチトマトの しらすあえ

納豆、たくあん、長いも

カリッと香ばしく焼いた油揚げの
食感と風味のよさが抜群のごちそう！
ちらりと添えたしょうががアクセント。
めんつゆのかわりに、しょうゆでも。

●材料（1人分）

油揚げ（横半分に切り、せん切り）
　　…½枚
A｜プチトマト（縦半分に切る）
　　…6個
　｜しらす…大さじ2
　｜ごま油…小さじ1
しょうが（すりおろす）…¼かけ
めんつゆ（ストレート）…大さじ2
ごはん…茶碗に大盛り1杯分

① フライパンに油揚げを入れ、
　強めの中火でカリカリに焼く。
　混ぜたA、しょうがとともにごはんにのせ、
　めんつゆをかける。

具材は納豆と同じ大きさに切ると、
口の中で一体化して、複雑なおいしさに。
味つけは、納豆のたれだけでオシマイ。
めかぶやオクラを加えても美味です。

●材料（1人分）

納豆（付属のたれを混ぜる）
　　…1パック（50g）
たくあん（7～8mm角に切る）… 3cm
長いも（7～8mm角に切る）… 3cm
青じそ（7～8mm角に切る）… 3枚
ごはん…茶碗に大盛り1杯分

① ごはんに納豆、たくあん、
　長いも、青じそをのせる。

キムチ、豆腐、韓国のり

豆腐にはごま油をかけて、風味をアップ。もやしやにんじん、ほうれんそうのナムルを加えたり、生卵をのせてボリュームを出しても。コチュジャンにこしょうをふって添えるのがコツで、味にぐっとパンチが出ます。

●材料（1人分）

白菜キムチ（ひと口大に切る）…大さじ3
木綿豆腐（1cm幅に切る）…⅓丁（100g）
韓国のり（ちぎる）…小4枚
A｜ごま油…小さじ1
　｜塩…少々
コチュジャン…小さじ1
ごはん…茶碗に大盛り1杯分
こしょう…少々

① ごはんに豆腐をのせてAをかけ、キムチ、韓国のりをのせる。コチュジャンを添え、その上にこしょうをふる。

ささみの塩昆布あえきゅうり

ささみは酒をまぶしてチンすると、うまみが加わって、しっとりとおいしく。

かわりに、ゆでだこや白身魚の刺身でも。

きゅうりには、しょうがをきかせます。

●材料（1人分）

鶏ささみ…2本（100g）

A | 塩昆布…ふたつまみ
　 | レモン汁…大さじ½
　 | ごま油…小さじ1

B | きゅうり（縦半分に切り、
　 | 　斜め薄切り）…½本
　 | しょうが（せん切り）…½かけ
　 | 塩…小さじ¼

ごはん…茶碗に大盛り1杯分

粗びき黒こしょう…少々

① 耐熱皿にささみをのせ、
酒少々（分量外）をまぶし、ラップをかけて
電子レンジで1分30秒加熱する。
2分蒸らして手でさき、Aを混ぜる。

② 混ぜて水けを絞ったBとともに
ごはんにのせ、黒こしょうをふる。

レンチンマーボーそぼろ

マーボー豆腐味の肉みそを、ごはんにどっさりと。

ひき肉は、先に調味料をよく混ぜてチン！

そのあとヘラでしっかりすり混ぜると、

肉にうまみがぎゅっとしみ込みます

●材料（1人分）

豚ひき肉…100g

A | みそ、酒…各大さじ½
　 | ごま油、豆板醤…各小さじ1
　 | しょうゆ、砂糖…各小さじ½
　 | にんにく、しょうが（ともに
　 | 　すりおろす）…各小さじ½

豆苗（トウミョウ）（長さを3等分に切る）…¼袋

ごはん…茶碗に大盛り1杯分

ラー油…少々

① 耐熱ボウルにA、ひき肉の順に入れてよく混ぜ、
ラップをかけて電子レンジで3分加熱し、
2分蒸らしてヘラですり混ぜる。
豆苗とともにごはんにのせ、ラー油をかける。

🍃ポイント

ひき肉は合わせた調味料
に加え、先にパラパラに
なるまで混ぜてからレン
ジでチン。こうすると、
肉にしっかり味がなじむ。

12

レンチンプルコギ

野菜のうまみがうつった甘辛い豚肉は、白いごはんがすすむ最高の味。これも、肉は1枚ずつはがして加熱を。豚こま切れ肉や鶏肉、牛切り落としでも。

●材料（1人分）

豚ロース薄切り肉（長さを半分に切る）…5枚（100g）
玉ねぎ（薄切り）…¼個
にんじん（細切り）…¼本
にら（5cm長さに切る）…¼束
A｜しょうゆ…大さじ1
　｜砂糖、酒…各大さじ½
　｜白すりごま…小さじ2
　｜ごま油…小さじ1
　｜にんにく（すりおろす）…½かけ
ごはん…茶碗に大盛り1杯分
粗びき唐辛子…少々

① 耐熱ボウルにA、豚肉を入れてもみ込み、
野菜をのせ、ラップをかけて電子レンジで
4分加熱し、2分蒸らして混ぜる。
ごはんにのせ、唐辛子をふる。

レンチンポークチャップ

肉は1枚ずつはがして調味料をもみ込み、それからレンジ加熱するのがポイント。少し蒸らしたあと全体に混ぜれば、とろりとからんで、濃厚なおいしさに。

●材料（1人分）

豚ロース薄切り肉…5枚（100g）
玉ねぎ（横7〜8mm幅に切る）…¼個
A｜ケチャップ…大さじ2
　｜酒…大さじ1
　｜しょうゆ…大さじ½
　｜砂糖、しょうが（すりおろす）
　｜　…各小さじ1
レタス（ちぎる）…2枚
ごはん…茶碗に大盛り1杯分
粉チーズ…適量

① 耐熱ボウルにA、豚肉を入れてもみ込み、
玉ねぎをのせ、ラップをかけて電子レンジで
3分加熱し、2分蒸らして混ぜる。
レタスとともにごはんにのせ、粉チーズをふる。

しらす、梅干し、みょうが

梅干しであえたみょうがは、色鮮やか！
ここに、しょうがや青じそを混ぜても。

● 材料（1人分）

しらす…大さじ3
A｜梅干し（たたく）…1個
　｜みょうが（小口切り）…1個
万能ねぎ（斜め薄切り）…1本
ごはん…茶碗に大盛り1杯分

① ごはんにしらす、混ぜたA、
　万能ねぎをのせる。

たらこ、アスパラ、長ねぎ

アスパラとたらこは、ともにマヨと相性抜群。
ねぎのかわりに、かいわれやベビーリーフでも。

● 材料（1人分）

たらこ（縦横半分に切る）
　…½腹（1本・40g）
グリーンアスパラ
　（長さを4等分に切り、電子レンジで
　1分加熱し、1分蒸らす）…2本
A｜長ねぎ（5cm長さのせん切りにし、
　｜　水にさらす）…10cm
　｜ごま油…小さじ1
　｜塩…少々
マヨネーズ…適量
ごはん…茶碗に大盛り1杯分
粗びき黒こしょう…少々

① ごはんにたらこ、アスパラ、混ぜたA、
　マヨネーズをのせ、長ねぎに黒こしょうをふる。

明太、バター、パセリ

アツアツごはんなら、バターがとろん。
電子レンジ加熱したキャベツを加えても◎。

● 材料（1人分）

明太子（ちぎる）…½腹（1本・40g）
バター…10g
パセリ（みじん切り）…大さじ½
レモン（くし形切り）…⅛個
ごはん（アツアツのもの）
　…茶碗に大盛り1杯分

① ごはんに明太子、パセリ、
　バターをのせ、
　レモンを添えて絞って食べる。

かまぼこ、長いも、わさび

かにかま、ちくわでも作れます。長いもは包丁でたたき、食感を残して。

● 材料（1人分）

A｜かまぼこ（細切り）…4cm
　｜ポン酢じょうゆ…大さじ1
　｜おろしわさび…小さじ½
長いも（包丁で細かくたたく）…4cm
焼きのり（ちぎる）…全形⅙枚
ごはん…茶碗に大盛り1杯分

① ごはんに長いも、混ぜたA、のりをのせる。

チャーシューメンマ、うずら卵

メンマは全体にからむよう、細くさいて。長ねぎや玉ねぎで香りを加えるのがコツ。

● 材料（1人分）

A｜市販のチャーシュー（細切り）…4枚
　｜味つきメンマ（びん詰・細くさく）…約⅓びん（30g）
　｜長ねぎ（5cm長さのせん切りにし、水にさらす）…10cm
　｜ごま油…小さじ1
　｜豆板醤（トウバンジャン）…小さじ½
　｜塩…ふたつまみ
うずら卵…3個
ごはん…茶碗に大盛り1杯分

① ごはんに混ぜたA、うずら卵をのせる。

ウインナ、カレーキャベツ

ウインナとキャベツは、同時にチーン！破裂防止に、ウインナには必ず切り目を。

● 材料（1人分）

A｜ウインナ（斜めに5本ずつ切り目を入れる）…5本
　｜ケチャップ…大さじ2
　｜中濃ソース…大さじ1
キャベツ（ひと口大に切る）…2枚
B｜カレー粉、オリーブ油…各小さじ½
　｜塩…小さじ¼
ごはん…茶碗に大盛り1杯分
フレンチマスタード…適量

① 耐熱ボウルにAを入れて混ぜ、ラップをかけ、ラップで包んだキャベツをのせる。一緒に電子レンジで2分加熱し、キャベツは水けをきってBであえる。ごはんにのせ、マスタードをかける。

野菜の ちび おかず ①

キャベツののりごまあえ

● **材料（2人分）**

キャベツ（ひと口大に切る）… 3枚
焼きのり（直火であぶり、ちぎる）… 全形½枚
A｜白すりごま … 大さじ2
　｜しょうゆ … 大さじ½
ごま油 … 少々

1 キャベツはAであえ、のりを加えて
ざっと混ぜ、ごま油をたらす。

レタスとしらすのサラダ

● **材料（2人分）**

レタス（ひと口大に切る）… 小½個
万能ねぎ（1cm幅に切る）… 2本
しらす … 大さじ2
A｜ごま油 … 大さじ1
　｜塩 … 小さじ¼

1 レタスと万能ねぎはAで
あえ、しらすを加えてざっ
と混ぜる。

にんじん、塩昆布、レモンのあえもの

● **材料（2人分）**

にんじん（せん切り）… ⅓本
塩昆布 … 大さじ1強
レモンの皮（国産のもの・
　すりおろす）… 少々

1 密閉容器ににんじん、塩
昆布を入れ、ふたをして
シャカシャカふってなじ
ませ、レモンの皮をふる。

もやしとツナのカレーサラダ

● **材料（2人分）**

もやし … ½袋（100g）
ツナ缶（汁けをきる）… 小½缶（35g）
かいわれ（根元を切る）… ¼パック
A｜カレー粉 … 小さじ2
　｜水 … 2カップ
B｜オリーブ油 … 大さじ1½
　｜しょうゆ、酢 … 各大さじ½
　｜塩、こしょう … 各少々

1 鍋にAを入れて煮立たせ、も
やしを加えてさっとゆでてざ
るに上げ、塩少々（分量外）
をふって冷ます。

2 ボウルにBを合わせ、**1**、ツ
ナ、かいわれを加えてあえる。

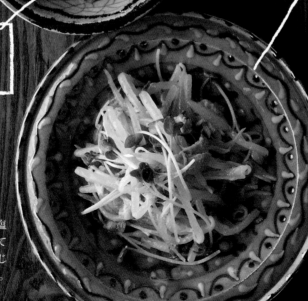

肉 のっけめん

ツルツルッと、のどごしのいいめんだけれど
そればっかりじゃいけませんよ。
薄切り肉、ささみ、ひき肉あたりなら、
ちゃちゃっと火が通って、調理もラクラク。
ガツンとボリュームのある肉をのせて食べれば、
大丈夫、今日も元気に笑顔で過ごせます!

1

ハム高菜

ハムはできるだけ細ーく切って、
めんとからみやすくするのがポイント。
高菜の食感と強いうまみが、
ハムと合わさって、めんと相性ばっちり。
めんつゆ＋ごま油のたれで、風味も最高！

● 材料（1人分）

ロースハム（せん切り）… 2枚
A｜高菜漬け（粗みじん切り）… 大さじ2
　｜白いりごま … 小さじ1
B｜めんつゆ（ストレート）… 大さじ4
　｜ごま油 … 大さじ1
冷や麦 … 1束（100g）
刻みのり … 適量

1 冷や麦は熱湯でゆで、冷水で洗い、
水けをきって器に盛る。

2 混ぜたA、ハム、刻みのりをのせ、
混ぜたBをかける。

仕上げにのせるのりは、韓
国のり、あおさのり、青の
りなどにかえると、違った
風味や食感が楽しめる。焼
きのりを直火であぶり、手
でちぎってもいい。

18

ピリ辛チャーシューねぎ

チャーシュー+コチュジャンでピリ辛に。
シャキシャキした白髪ねぎを合わせたら、
ほんのりとした辛みと、香りのよさも抜群！
上の具だけをビールのおつまみにしてもグー。

● 材料（1人分）

A｜市販のチャーシュー
　　（せん切り）… 3枚（40g）
　｜コチュジャン … 小さじ2
長ねぎ（せん切りにし、
　　水にさらす）… 7cm
黒いりごま（指でひねりつぶす）… 小さじ1
めんつゆ（ストレート）… 大さじ4
冷や麦 … 1束（100g）

① 冷や麦は熱湯でゆで、冷水で洗い、
　水けをきって器に盛る。

② 長ねぎ、混ぜたA、黒ごまをのせ、
　めんつゆをかける。

長ねぎは縦に切り込みを入れ、まん中の青い芯の部分を除く。

外側の白い部分を縦にせん切りにし、

水に5分ほどさらしてシャキッとさせ、水けをふく。

イメージは、イタリアンのサラダ。
生ハムの塩け、パプリカの甘み、
黒こしょうのピリリが
絶妙のバランスです。

そうめんと同じ湯で、
ささみともやしをゆでて時間短縮。
甘酸っぱさがきいた夏向けナムルです。

生ハムとパプリカのサラダ風

● 材料（1人分）

生ハム（ひと口大にちぎる）
　… 3枚（30g）
パプリカ（赤・細切り）… 1/4個
A｜市販のイタリアンドレッシング
　　… 大さじ3
　｜めんつゆ（ストレート）
　　… 大さじ2
そうめん … 2束（100g）
粗びき黒こしょう … 少々

❶ そうめんは熱湯でゆで、
冷水で洗い、
水けをきって器に盛る。

❷ パプリカ、生ハムをのせて
混ぜたAをかけ、黒こしょうをふる。

ささみもやし水菜ナムル

● 材料（1人分）

鶏ささみ（細切り）… 1本（50g）
もやし … 1/4袋（50g）
水菜（5cm長さに切る）… 1/2束
A｜めんつゆ（ストレート）… 大さじ4
　｜酢、ごま油 … 各大さじ1
　｜砂糖 … 小さじ1
　｜塩 … ひとつまみ
そうめん … 2束（100g）

❶ 小さめのざるに
ささみともやしを入れ、
熱湯で5分ゆでて湯をきり、
水菜、混ぜたAを加えてあえる。

❷ 同じ湯でそうめんをゆで、冷水で洗い、
水けをきって器に盛る。❶を汁ごとのせる。

● 材料（1人分）

ベーコン（ブロック・
　5mm角の棒状に切る）… 50g
キャベツ（ひと口大に切る）… 1枚
にんにく（つぶして縦4つ割り）
　　… 1かけ
赤唐辛子（半分に切り、種を除く）… 1本
塩 … ひとつまみ
オリーブ油 … 大さじ2
うどん（冷凍）… 1玉
粗びき黒こしょう … 少々

① フライパンにオリーブ油、にんにく、
赤唐辛子を入れて弱火にかけ、
薄く色づいたら取り出す。同じフライパンで
ベーコンを炒め、こんがり焼き色がついたら
キャベツ、塩を加えてさっと炒め、
にんにく、赤唐辛子を戻して混ぜる。

② うどんは塩大さじ1（分量外）を加えた熱湯で
さっとゆでてほぐし、湯をきって器に盛る。
❶を油ごとのせ、黒こしょうをふる。

フライパンにオリーブ油、にんにく、赤唐辛子を入れて弱火にかけ、じっくり炒めて香りを出す。にんにくが色づいたら、こげないようにいったん取り出して。

カリカリベーコンのペペロンチーノ風

主役のベーコンは、かたまりのものをカリカリに炒めてうまみたっぷりに！キャベツは火を通しすぎないで、シャキッと仕上げます。パスタのように少量の塩を加えてうどんをゆでるのもポイント。

薬味肉みそ

青じそとみょうがをプラスしたら
こってりした肉みそが、あと味さわやかに。
香りと食感を生かすため、
火を止めてから加えるのがコツです。

● 材料（1人分）

鶏ひき肉 … 80g
しょうが（みじん切り）… ½かけ

A	青じそ（みじん切り）… 2枚
	みょうが（みじん切り）… 1個

B	みそ … 大さじ2	サラダ油 … 大さじ1
	酒、みりん … 各大さじ1	ごま油 … 小さじ2
	砂糖 … 小さじ1	そうめん … 2束（100g）

① そうめんは熱湯でゆで、冷水で洗い、
水けをきって器に盛り、ごま油をかける。

② フライパンにサラダ油を熱し、しょうがを炒め、
ひき肉を加えてパラパラになったら
混ぜたBをからめる。汁けが少なくなったら
火を止めてAを混ぜ、①にのせる。

肉みそは、材料を倍量などにして
作り、ストックしておくと便利。
ごはんにかけてもおいしいし、キー
マカレー（左）にもアレンジ可能。
密閉容器に入れて保存し、日持ち
は冷蔵室で3日くらい。

肉みそキーマカレー

こちらは、肉みそのアレンジバージョン。
カレー粉とケチャップを加えるだけで、
味はまさに本格キーマカレー！

● 材料（1人分）

肉みそ（右参照）… ½カップ（80g）
パプリカ（黄・細切り）… ¼個

A	カレー粉 … 小さじ2
	ケチャップ … 小さじ1

オリーブ油 … 大さじ1
バター … 5g
うどん（冷凍）… 1玉

① フライパンにオリーブ油を熱し、
パプリカを炒め、油が回ったら
肉みそを加え、Aをからめる。

② うどんは熱湯でさっとゆでてほぐし、
湯をきって器に盛る。①とバターをのせる。

● 材料（1人分）

豚ひき肉 … 80g

えのきだけ（2cm幅に切る）… 小⅓袋

長ねぎ（みじん切り）… 10cm

A｜みそ、オイスターソース
　　　　… 各大さじ1

七味唐辛子 … 小さじ½

ごま油 … 大さじ1

中華生めん … 1玉

きゅうり（せん切り）… ⅓本

1 中華めんは熱湯でゆで、冷水で洗い、水けをきって器に盛る。

2 フライパンにごま油を熱し、長ねぎ、えのき、七味唐辛子をしんなり炒め、ひき肉を加えてパラパラになったら、火を止めてAをからめる。きゅうりとともに❶にのせる。

使う調味料は、みそ、オイスターソース、七味唐辛子の3種類だけ。ピリッと辛くてコクたっぷりのジャージャーめんが、うちで気軽に作れるなんてうれしい！

簡単ジャージャーめん

テンメンジャンや豆板醤を使うレシピが一般的ですが、うちにある調味料で、手軽に作れるのがこちら。もっと辛いのがお好みなら、食べる時にラー油をかけても！

焼きウインナとコールスロー

粒マスタードをしっかりきかせたコールスローが、とにかくおいしい！こんがり焼いたウインナとの取り合わせの妙、たまりません。

● 材料（1人分）

ウインナ … 3本
キャベツ（せん切り）… 2枚
A | マヨネーズ … 大さじ3
　 | 砂糖 … 大さじ1
　 | 酢 … 大さじ½
　 | 粒マスタード … 小さじ2
スパゲッティ … 100g
塩、粗びき黒こしょう … 各少々

1 スパゲッティは塩（分量外）を加えた熱湯で袋の表示より2分長くゆで、冷水で洗い、水けをきって器に盛る。

2 キャベツは塩小さじ½（分量外）をまぶし、しんなりしたら水けを絞り、Aであえる。ウインナはフライパンで焼き、縦半分に切って斜め半分に切る。キャベツとともに**1**にのせ、塩、黒こしょうをふる。

● 材料（1人分）

ベーコン（ブロック・棒状に切る）… 70g
レタス（細切り）… 1枚
トマト（1cm角に切る）… ⅓個
A | しょうゆ … 大さじ1
　 | にんにく（すりおろす）… ½かけ
塩、粗びき黒こしょう … 各少々
オリーブ油 … 大さじ1
スパゲッティ … 100g

1 スパゲッティは塩（分量外）を加えた熱湯で袋の表示より2分長くゆで、冷水で洗い、水けをきって器に盛る。

2 フライパンにオリーブ油、ベーコン、塩、黒こしょうを入れて炒め、焼き色がついたら火を止め、Aをからめる。野菜とともに**1**にのせる。

ベーコン、レタス、トマト

サンドイッチでおなじみのB.L.T.をパスタにのっけて。にんにくしょうゆで味つけしたベーコンがいい味、出してます。

● 材料（1人分）

鶏ひき肉 … 50g

長ねぎ（みじん切り）… 3cm

A｜豆板醤 … 小さじ 1/3
　｜塩 … 少々

ごま油 … 大さじ 1

B｜市販のごまだれ … 大さじ 3
　｜水 … 大さじ 4

中華生めん … 1玉

みょうが（せん切り）… 1/2 個

① 中華めんは熱湯でゆで、冷水で洗い、
水けをきって器に盛り、
みょうがをのせる。

② フライパンにごま油を熱し、
長ねぎをしんなり炒め、
ひき肉を加えて色が変わったら、
A をからめる。B を混ぜたたれにのせ、
①をつけて食べる。

しゃぶしゃぶ用のごまだれ
は、いろいろ使えて便利。
すりおろしたトマトを混ぜ、
サラダやしゃぶしゃぶ肉、
しゃぶしゃぶ肉をのせたそ
うめんにかけても美味。

ピリ辛そぼろだれの
つけめん

コクがあるつけだれは、
なんと、市販のごまだれがベース。
ピリ辛味に炒めたひき肉を加えるだけで、
濃厚なたれが即、でき上がりです。

ささみとひじきの梅味冷やし中華

梅味でこの上なくさっぱりとした、新顔の冷やし中華です。
しょうがのすりおろしをたっぷりのせてもグーです。

● 材料（1人分）

A | 鶏ささみ（細切り）… 1本（50g）
 | 芽ひじき（乾燥・水につけて戻す）… 大さじ1
 | きゅうり（せん切り）… 1/3本
 | 梅干し（たたく）… 1個
 | 青じそ（せん切り）… 1枚
 | めんつゆ（ストレート）… 大さじ5
 | 中華生めん … 1玉

1 中華めんとささみは熱湯で一緒にゆで、めんは冷水で洗い、水けをきって器に盛る。

2 混ぜたA、青じそをのせ、めんつゆをかける。

チンジャオロースーのナッツがけ

牛肉とピーマンの細切りをオイスターソースでしっかり味に炒めて、アクセントのナッツの塩けがカリカリッとおいしいんです。

● 材料（1人分）

牛こま切れ肉（細切り）… 80g
ピーマン（せん切り）… 1個
しょうが（せん切り）… 1/2かけ
A | めんつゆ（ストレート）… 大さじ4
 | ごま油 … 大さじ1
 | オイスターソース … 小さじ2
片栗粉 … 大さじ1 1/2
ごま油 … 大さじ2
ミックスナッツ（細かく刻む）… 大さじ2
中華生めん … 1玉

1 中華めんは熱湯でゆで、冷水で洗い、水けをきって器に盛る。

2 フライパンにごま油、しょうがを入れて炒め、片栗粉をまぶした牛肉を加え、色が変わったらピーマンを加えてさっと炒める。火を止めてAをからめ、ナッツとともに❶にのせる。

26

魚のっけめん

2

しらすにちりめんじゃこ、たらこに明太子…。
火いらずのおチビな魚たちを活用すれば、
ボリュームのあるめんも、手軽に！ あっというまに！
どんなに暑くて台所に立ちたくない日でも、
大丈夫、これでラクラクのりきれますよ。

ポン酢にさらに酢を加えて、この上なくさっぱりと。すりおろしたきゅうりも涼しげで、暑い日でもお腹にするり！

定番のしらす＋わかめの組み合わせに合わせるのは、ピリリと辛いラー油。辛いのが苦手なチビっ子たちには、ごま油でもいいですよ。

しらすきゅうりポン酢

● 材料（1人分）
しらす … 大さじ3
きゅうり（すりおろす）… 1本
A｜ポン酢じょうゆ … 大さじ3
　｜酢 … 大さじ1
冷や麦 … 1束（100g）
練りがらし … 少々

1 冷や麦は熱湯でゆで、冷水で洗い、水けをきって器に盛る。

2 混ぜたAをかけ、しらす、きゅうり、からしをのせる。

しらすわかめラー油

● 材料（1人分）
しらす … 大さじ3
塩蔵わかめ（水につけて戻し、
　　ざく切り）… 10g
めんつゆ（ストレート）… 1/4カップ
ラー油 … 小さじ2
冷や麦 … 1束（100g）
白いりごま … 少々

1 冷や麦は熱湯でゆで、冷水で洗い、水けをきって器に盛る。

2 しらす、わかめ、白ごまをのせ、めんつゆとラー油をかける。

たらこと梅干しは、どちらもバターと相性抜群。青じそも加えて、ぐっと和風に、風味よく。めんは、冷や麦やうどんでもいいですよ。

たらこ＆コチュジャンのうまみの強いもの同士を合わせて。すりごまとごま油の両方を使って、ごまの風味を立たせるのもポイント。

たらこ梅じそバター

● 材料（1人分）

たらこ（薄皮を除く）
　… ½腹（1本・40g）
梅干し（たたく）… 小さじ2
青じそ（せん切り）… 5枚
バター … 10g
スパゲッティ … 100g

1 スパゲッティは塩（分量外）を加えた熱湯でゆで、湯をきって器に盛る。

2 たらこ、梅干し、青じそ、バターをのせる。

たらこコチュジャン

● 材料（1人分）

A｜たらこ（薄皮を除く）
　　… ½腹（1本・40g）
　｜白すりごま … 大さじ1
　｜コチュジャン、ごま油 … 各小さじ1
長ねぎ（せん切りにし、水にさらす・
　p19参照）… 5cm
冷や麦 … 1束（100g）

1 冷や麦は熱湯でゆで、冷水で洗い、水けをきって器に盛る。

2 混ぜたA、長ねぎをのせる。

韓国のりには
塩けもうまみもしっかりあるから、
ほかに調味料はいりません。
あとは、ラー油をダーッでおしまい。

じゃことん万能ねぎは、どっさりと、
みそ＋バターの最高級のおいしさに
にんにくと七味を加えると、
ぐぐっとパンチがある味に。

じゃこ韓国のりラー油

● 材料（1人分）

ちりめんじゃこ … 大さじ3
韓国のり（半分にちぎる）… 小8枚
ラー油 … 小さじ2
うどん（乾めん）… 1束（100g）

1 うどんは熱湯でゆで、
冷水で洗い、
水けをきって器に盛る。

2 じゃこ、韓国のりをのせ、
ラー油をかける。

じゃこみそバター七味

● 材料（1人分）

ちりめんじゃこ … 大さじ3
万能ねぎ（斜め薄切りにし、
　水にさらす）… 2本
A｜みそ … 小さじ2
　｜みりん … 小さじ1
　｜にんにく（すりおろす）… 少々
バター … 10g
うどん（冷凍）… 1玉
七味唐辛子 … 少々

1 うどんは熱湯でさっとゆでて
ほぐし、湯をきって器に盛る。

2 万能ねぎ、じゃこ、混ぜたA、
バターをのせ、七味をふる。

明太クリーム

明太スパゲッティのちょっとよそゆき版。ふんわり泡立てた生クリームがめんにしっかりからみます。クリーミーな味わいの中ににんにくをキリリときかせて。

● 材料（1人分）

明太子（薄皮を除く）
　…½腹（1本・40g）
A｜生クリーム … ⅓カップ
　｜にんにく（すりおろす）、
　｜　塩、こしょう … 各少々
スパゲッティ … 100g
パセリ（みじん切り）… 適量

1 スパゲッティは塩（分量外）を加えた熱湯でゆで、湯をきって器に盛る。

2 ボウルにAを入れてふんわりするまで泡立て、明太子を加えて混ぜ、❶にのせてパセリをふる。

明太アボカドマヨ

相性抜群の明太子とマヨネーズにアボカドが加わって、さらに濃厚に。アボカドの色止め係のレモン汁を多めに加えて、あと味さっぱりと。

● 材料（1人分）

明太子（薄皮を除く）
　…½腹（1本・40g）
アボカド … ½個
A｜マヨネーズ … 大さじ2
　｜レモン汁 … 小さじ2
　｜こしょう … 少々
スパゲッティ … 100g

1 スパゲッティは塩（分量外）を加えた熱湯で袋の表示より2分長くゆで、冷水で洗い、水けをきって器に盛る。

2 アボカドは縦に1周切り込みを入れ、手でねじって半分に割り、包丁の角を種に刺して少しひねってはずし（p104参照）、手で皮をむいてフォークでつぶす。明太子、Aを混ぜ、❶にのせる。

ちりめん山椒トマトバター

ひじき梅しそ

ちりめん山椒のピリ辛味に、
トマトのさわやかさがバッチグー。
バターを混ぜて食べるとコクも十分！

ひじきはしょうがと炒め、
さらにめんつゆをからめると、
クセがやわらいで食べやすく。
梅と青じそで、夏向けのひと皿。

● 材料（1人分）
ちりめん山椒 … 大さじ4
トマト（粗みじん切り）… 1個
バター（1cm角に切る）… 10g
塩 … 少々
スパゲッティ … 100g

1 スパゲッティは塩（分量外）を
加えた熱湯でゆで、
湯をきって器に盛り、
ゆで汁大さじ3をかける。

2 トマト、塩、ちりめん山椒、
バターをのせる。

● 材料（1人分）
芽ひじき（乾燥・水につけて戻す）
　… 大さじ2
梅干し … 1個
青じそ（粗みじん切り）… 5枚
しょうが（みじん切り）… 1かけ
めんつゆ（ストレート）… 大さじ3
ごま油 … 小さじ1
冷や麦 … 1束（100g）

1 冷や麦は熱湯でゆで、冷水で洗い、
水けをきって器に盛る。

2 フライパンにごま油、しょうがを入れて
中火で炒め、香りが出たらひじきを加え、
めんつゆを加えて1〜2分煮る。
梅干し、青じそとともに**1**にのせる。

桜えびのお好み焼き風

桜えびねぎ炒め

油は使わずに、マヨネーズでコク出しを。どっさりのせん切りキャベツを加えて、コクがあるのに、軽い食べ心地です。

● 材料（1人分）

桜えび … 大さじ4
キャベツ（太めのせん切り）… 3枚
中濃ソース … 大さじ3
マヨネーズ、青のり、紅しょうが
　… 各適量
冷や麦 … 1束（100g）

1 冷や麦は熱湯でゆで、
ゆで上がる2分前にキャベツを
加え、湯をきって器に盛る。

2 フライパンでからいりした桜えび、
ソース、マヨネーズ、青のり、
紅しょうがをのせる。

砂糖を加えずに、キリッと辛めに仕上げたみそ炒めです。桜えびの香ばしさ、わけぎの風味が◎。

● 材料（1人分）

桜えび … 大さじ3
わけぎ（1cm幅の斜め切り）… 3本
A｜みそ、しょうゆ、酒
　｜　… 各大さじ1/2
オリーブ油 … 大さじ1
冷や麦 … 1束（100g）

1 冷や麦は熱湯でゆで、
冷水で洗い、
水けをきって器に盛る。

2 フライパンにオリーブ油を熱し、
桜えびを中火で炒め、香りが出たら
わけぎ、混ぜたAを加えて
さっと炒め、**1**にのせる。

めかぶ梅しょうが

粘りがあるものは、めんによく合います。その代表選手のひとつが、このめかぶ。梅としょうがを合わせれば、ねばねば好きの方でなくてもファン必至！

● 材料（1人分）

めかぶ（味つけしていないもの）
　…1パック（50g）
梅干し（たたく）… 小さじ2
しょうが（すりおろす）… 1かけ
めんつゆ（ストレート）… 1/3カップ
うどん（乾めん）… 1束（100g）

①　うどんは熱湯でゆで、冷水で洗い、水けをきって器に盛る。

②　めかぶ、梅干し、しょうがをのせ、めんつゆをかける。

ちくわと玉ねぎのからしマヨ

からしは思いきってきかせたほうが味がしまって、めんに負けません。ちくわだけでもおいしいけれど、玉ねぎを加えて、よりおかずっぽく。

● 材料（1人分）

A　ちくわ（5mm幅に切る）… 2本
　　マヨネーズ … 大さじ2
　　練りがらし … 小さじ1
玉ねぎ（薄切りにし、
　　水にさらす）… 1/4個
しょうゆ … 小さじ1
うどん（冷凍）… 1玉

①　うどんは熱湯でさっとゆでてほぐし、冷水で洗い、水けをきって器に盛り、しょうゆをかける。

②　玉ねぎ、混ぜたAをのせる。

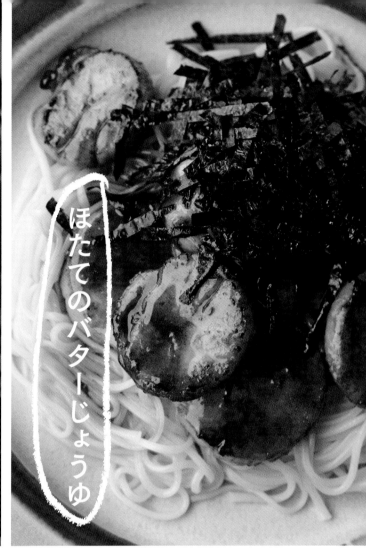

たこキムチ粉チーズ

キムチにごま油を加えると
まろやかで、風味よく、さらに美味に。
チーズを加えて、コクも最上級。

● 材料（1人分）

A│ゆでだこの足（薄切り）
　│　…1本（100g）
　│白菜キムチ（せん切り）…½カップ（100g）
　│ごま油 … 小さじ1
粉チーズ … 大さじ1
オリーブ油 … 大さじ1
スパゲッティ … 100g

① スパゲッティは塩（分量外）を加えた
　熱湯で袋の表示より2分長くゆで、
　冷水で洗い、水けをきって器に盛り、
　オリーブ油をかける。

② 混ぜたA、粉チーズをのせる。

ほたてのバターじょうゆ

ほたては粉をまぶしてから焼くと、
しょうゆがよーくからみます。
バターじょうゆの香りにノックダウン！

● 材料（1人分）

ほたて貝柱（刺身用）…4個
しょうゆ … 大さじ1
バター … 10g
冷や麦 … 1束（100g）
小麦粉、刻みのり … 各適量

① 冷や麦は熱湯でゆで、冷水で洗い、
　水けをきって器に盛る。

② ほたては厚みを半分に切り、
　塩、こしょう各少々（分量外）をふって
　小麦粉を薄くまぶし、
　バターの半量を溶かしたフライパンで
　両面をこんがり焼く。
　残りのバター、しょうゆをからめ、
　刻みのりとともに①にのせる。

温泉卵 の作り方

1
卵は室温に戻す。厚手の鍋にたっぷりの水を入れ、火にかけて70℃に沸かし（底から小さな泡がシュワシュワ出るくらい）、火を止める。

2
卵を網じゃくしなどにのせてそっと入れ、

3
ふたをして20分蒸らす。

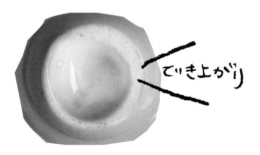

でき上がり

半熟ゆで卵 の作り方

1
卵はゆでる15〜30分前に冷蔵庫から出して室温に戻し、スプーンの背で軽くたたき、殻にうっすらひびを入れる。これで殻がむきやすくなる。

2
鍋にたっぷりの水と卵を入れ、ふたをしないで強火にかける。

3
沸騰したら火を止め、ふたをして4分蒸らす。

4
すぐに湯を捨て、流水で3分ほどしっかり冷やし、水の中で殻をむく。

でき上がり

卵

のっけめん

とろっとした黄身、ふるふるの白身。
生はもちろん、目玉焼きも、ゆで卵も、
めんとは相思相愛、赤い糸で結ばれたカップル同士。
からめて、混ぜて、ツルツル、するする。
温泉卵なんてあった日には、もう、ごちそうです！

3

● 材料 (1人分)

卵黄 … 1個分
大根おろし（水けを軽くきる）… 3cm分
たくあん（細切り）… 3cm
青じそ（せん切り）… 2枚
A｜めんつゆ（ストレート）… 大さじ3
　｜ポン酢じょうゆ … 大さじ2
冷や麦 … 1束（100g）

1 冷や麦は熱湯でゆで、冷水で洗い、
　　 水けをきって器に盛る。

2 たくあん、青じそ、大根おろし、
　　 卵黄をのせ、混ぜたAをかける。

卵黄おろしたくあん

黄身をくずしながら食べると
大根おろしがまろやかになって、とびきりおいしい！
多めのたくあんがポイントで、
ポリポリした歯ごたえが心地いいです。
めんつゆ＋ポン酢のたれで、あと味さっぱり。

卵黄はんぺん青のり

青のり＋マヨネーズで、ちょっぴりお好み焼き風。紅しょうがを加えても合います。はんぺんは、薄めにスライスするのがコツ。めんとよーくからんで、するするお腹に入っちゃいます。

● 材料（1人分）

卵黄 … 1個分
はんぺん … 大1/2枚（50g）
青のり … 小さじ1/2
めんつゆ（ストレート）… 大さじ3
マヨネーズ … 適量
冷や麦 … 1束（100g）

① 冷や麦とはんぺんは熱湯で一緒にゆで、冷や麦は冷水で洗い、水けをきって器に盛る。

② 薄切りにしたはんぺん、青のり、卵黄をのせ、めんつゆとマヨネーズをかける。

はんぺんは、ゆでるとよりふっくらしておいしくなる。大きいまま冷や麦と一緒にゆで、ざるに上げて湯をきってから、薄切りにして。

ピリ辛卵黄とおかかのり

釜玉うどんのちょっと豪華版。
オイスターソースと豆板醤を加えたたれに
卵黄を漬けると、それだけでうまみ十分。
ねぎ、おかか、のりを加えて、香り豊かに。
これ、もちろんごはんにのせても美味です。

● 材料（1人分）

卵黄 … 1個分
A｜オイスターソース、しょうゆ
　　… 各大さじ1
　　豆板醤 … 小さじ1/4
万能ねぎ（小口切り）… 3本
削り節、刻みのり … 各適量
うどん（冷凍）… 1玉

1　小さめの器に卵黄を入れ、混ぜたAをかけ、
　ラップをかけて冷蔵室でひと晩漬ける。

2　うどんは熱湯でさっとゆでてほぐし、
　湯をきって器に盛り、ゆで汁大さじ2をかける。
　1（汁ごと）、万能ねぎ、削り節、
　刻みのりをのせる。

オイスターソース、しょうゆ、豆板醤を混ぜたピリ辛味の漬け汁を卵黄にかけ、冷蔵室でひと晩漬ける。小さめの容器を使うと、卵黄全体に味がなじむ。

卵黄かに缶みつば

卵黄にかに缶を混ぜた、リッチな卵かけめん。缶汁も少し加えることで、かにのうまみをみっちりとじ込めます。香り高いみつばをたっぷりのせれば、たちまち品のいいひと皿に。

● 材料（1人分）

A｜卵黄 … 1個分
　｜かに缶（汁けを軽くきる）
　｜　… 小1缶（55g）
みつば（1cm幅に切る）… 5本
めんつゆ（ストレート）… 大さじ3
そうめん … 2束（100g）

1　そうめんは熱湯でゆで、冷水で洗い、水けをきって器に盛る。

2　混ぜたA、みつばをのせ、めんつゆをかける。

半熟卵と韓国のりレタス

たっぷりのレタスを合わせた、サラダ感覚のめんです。韓国のりと相性のいいごま油をめんつゆに加えて、風味をアップ。辛いもの好きの方は、ぜひラー油をかけて!

● 材料（1人分）

半熟ゆで卵（作り方は p36 へ）… 1個
韓国のり（ちぎる）… 小5枚
レタス（ちぎる）… 2枚
A｜めんつゆ（ストレート）… 大さじ4
　｜ごま油 … 小さじ2
冷や麦 … 1束（100g）

① 冷や麦は熱湯でゆで、冷水で洗い、ざるに上げて水けをきる。

② 器にレタスを敷いて①を盛り、韓国のり、半分に切った半熟卵をのせ、混ぜた A をかける。

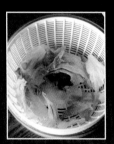

レタスの水きりは、サラダスピナー（水きり器）を使うと簡単。めんに合わせる葉もの野菜は、こうしてしっかり水きりし、味が薄まらないようにするのがコツ。

● 材料（1人分）

ゆで卵 … 1個

A｜玉ねぎ（みじん切り）… 1/8 個
　｜青じそ（みじん切り）… 2枚
　｜みょうが（みじん切り）… 1/2 個
　｜マヨネーズ … 大さじ2
　｜塩 … ひとつまみ
　｜粗びき黒こしょう … 少々
めんつゆ（ストレート）… 大さじ4
中華生めん … 1玉

タルタル冷やし中華

1 中華めんは熱湯でゆで、
冷水で洗い、
水けをきって器に盛る。

2 ゆで卵はフォークで
細かくつぶし、Aを混ぜる。
1にのせ、めんつゆをかける。

和の香味野菜をたっぷり混ぜ込んだ
ジャパニーズ・タルタルソースです。
玉ねぎ、青じそ、みょうがの
シャキシャキ感、風味がアクセント。

市販のごまドレッシングをベースに
みそも加えた、コクたっぷりのつゆで。
さわやかなトマト、水菜が
もりもり食べられます。

● 材料（1人分）

半熟ゆで卵（作り方はp36へ）… 1個
トマト（1cm角に切る）… 1/2 個
水菜（5cm長さに切る）… 1株
A｜市販のごまドレッシング
　｜　… 大さじ3
　｜めんつゆ（ストレート）
　｜　… 大さじ1
　｜みそ … 小さじ1
そうめん … 2束（100g）

半熟卵とトマト水菜

1 そうめんは熱湯でゆで、
冷水で洗い、
ざるに上げて水けをきる。

2 器に水菜を敷いて**1**を盛り、
トマト、半分に切った半熟卵をのせ、
混ぜたAをかける。

● 材料（1人分）

温泉卵（作り方は p36 へ）… 1個

A 野沢菜漬け（粗みじんに切り、
　汁けを絞る）… 2/3 カップ（70g）
黒すりごま、きなこ
　… 各大さじ 1

めんつゆ（ストレート）… 大さじ 4
冷や麦 … 1束（100g）

温玉野沢菜

1 冷や麦は熱湯でゆで、
冷水で洗い、
水けをきって器に盛る。

2 混ぜた A、温泉卵をのせ、
めんつゆをかける。

少々びっくりのきなこですが、
ごまに似た風味がおいしい！
このほかコールスローに加えたり、
焼き鮭＋この具で混ぜごはんにしても。

きゅうりをピーラーで薄く薄く
スライスするのがポイント。
温泉卵、梅肉はもちろんのこと、
めんともよくからんで美味。

● 材料（1人分）

温泉卵（作り方は p36 へ）… 1個
きゅうり … 1本
A 塩 … ひとつまみ
　梅干し（たたく）… 2個
　ごま油 … 大さじ 1
冷や麦 … 1束（100g）

温玉梅きゅうり

1 冷や麦は熱湯でゆで、
冷水で洗い、
水けをきって器に盛る。

2 きゅうりは長さを半分に切り、
ピーラーでスライスし、
A を順に加えてあえる。
温泉卵とともに**1**にのせる。

温玉カルボナーラ

生クリームとクリームチーズを
フライパンで合わせただけの簡単ソースです。
そして上にのせるのは、ジャーン、温泉卵!
クリーミーでリッチなコクが、もう口いっぱいに。
もちろん、スパゲッティで作ってもOKです。

● **材料 (1人分)**

温泉卵 (作り方は p36 へ) … 1個
A｜生クリーム … ½ カップ
　｜クリームチーズ … 20g
塩 … ひとつまみ
粉チーズ、粗びき黒こしょう … 各適量
うどん (冷凍) … 1玉

① フライパンに A を入れて弱火にかけ、
ひと煮立ちしたら火を止めて
余熱でチーズを溶かし、塩で味を調える。

② うどんは熱湯でさっとゆでてほぐし、
湯をきって**①**に加え、弱火にかけてからめる。
器に盛って温泉卵、粉チーズをのせ、
黒こしょうをふる。

フライパンに生クリームと
クリームチーズを入れて弱
火にかけ、フツフツ煮立っ
てチーズが溶け始めたら、
火を止める。あとは、余熱
でチーズをなめらかに溶か
せばOK。

● 材料（1人分）

卵 … 1個
しめじ（ほぐす）… 小 ½ パック
にら（5cm長さに切る）… 3本
サラダ油 … 小さじ1
バター … 10g
しょうゆ … 大さじ1
冷や麦 … 1束（100g）

1 フライパンにサラダ油を熱し、卵を割り入れ、
黄身が半熟状の目玉焼きを作る。

2 冷や麦、しめじ、にらは熱湯で一緒にゆで、
湯をきって器に盛る。❶、バターをのせ、
しょうゆをかける。

ベーコンキャベツエッグ

ベーコンエッグにキャベツを加えれば、
野菜も一度にとれてうれしい。
炒める時に、めんつゆで味つけ。
あとは卵と混ぜ混ぜして食べましょう。

目玉焼きときのこの
バターじょうゆ

めんと一緒にしめじとにらをゆでて、
ぐーんとスピードアップ。
目玉焼きとバターじょうゆの組み合わせ、
う～ん、合わないわけありません！

● 材料（1人分）

卵 … 1個
ベーコン（半分に切る）… 2枚
キャベツ（せん切り）… 2枚
A｜めんつゆ（ストレート）… 大さじ3
　｜水 … 大さじ4
うどん（冷凍）… 1玉
粗びき黒こしょう … 少々

1 フライパンにベーコンを入れて
カリカリに焼き、キャベツを加えて炒め、
しんなりしたら混ぜたAを加える。
まん中に卵を割り入れ、ふたをして
黄身が半熟状になるまで火を通す。

2 うどんは熱湯でさっとゆでてほぐし、湯を
きって器に盛る。❶をのせ、黒こしょうをふる。

缶詰・びん詰
のっけめん

ふたを開ければ、すぐに食べられて
日持ちのよさも抜群、おまけにお手頃価格。
まさに、何にもない日の強〜い味方。
「でも、家族が満足してくれるかしら…？」
そんな心配も吹き飛ぶような
とびきりゴージャスで、
おいしいめんが勢ぞろいです！

ツナマヨしば漬け

ツナとマヨネーズって、
梅系の味つけと相性がいいんです。
そこでジャジャジャーン、
しば漬けの登場です。
しょうがとごま油で風味を加えて、
マヨネーズ味でも食べ飽きないように。

● 材料（1人分）

A ┌ ツナ缶（汁けをきる）
  │   … 小 ½ 缶（35g）
  │ しば漬け（みじん切り）… 大さじ1強
  │ しょうが（すりおろす）… 1かけ
  │ ポン酢じょうゆ … 大さじ2
  └ マヨネーズ、ごま油 … 各大さじ1
青じそ（ちぎる）… 2枚
そうめん … 2束（100g）

1 そうめんは熱湯でゆで、冷水で洗い、
水けをきって器に盛る。

2 混ぜたA、青じそをのせる。

48

ツナおろしゆかり

みんなが大好きなツナおろしめんに
ひとヒネリ加えて、ワンランクアップ。
めんにゆかりとオリーブ油をからめて、
それだけで食べても味わい深くしました。
大根おろしをもっとのせて、
あと味をさらにさっぱりさせても。

● 材料（1人分）

A｜ツナ缶（汁けをきる）
　　… 小½缶（35g）
　しょうゆ … 小さじ1
　白すりごま … 小さじ2
　大根おろし（水けを軽くきる）
　　… 3cm分
B｜オリーブ油 … 大さじ1
　ゆかり … 小さじ1
冷や麦 … 1束（100g）
刻みのり … 適量

1 冷や麦は熱湯でゆで、湯をきり、
Bをからめて器に盛る。

2 大根おろし、混ぜたA、刻みのりをのせる。

湯をきった冷や麦にオリーブ油とゆかりを加え、菜箸で全体にからめる。めんに先に油を混ぜておくと、くっつかずに食べやすい。

お肌ツルツル効果に、ビタミンEで老化防止、食物繊維もたっぷりと、女性にうれしいことだらけのアボカド。なめたけがからんで、至福の味です。

ねばねば2大食材を合わせれば、ツルツルッと、のどごしのよさは最高。豆板醤のピリリ！がきいてます。

● 材料（1人分）

なめたけ（びん詰）… 大さじ2
アボカド … ½ 個
みつば（1cm幅に切る）… 2〜3本
めんつゆ（ストレート）… ⅓ カップ
そうめん … 2束（100g）

なめたけアボカド

1 そうめんは熱湯でゆで、
冷水で洗い、
水けをきって器に盛る。

2 アボカドは縦に1周切り込みを入れ、
手でねじって半分に割り、
包丁の角を種に刺して少しひねって
はずし（p104参照）、手で皮をむいて
1cm角に切る。なめたけと混ぜ、
みつばとともに**1**にのせ、
めんつゆをかける。

● 材料（1人分）

A なめたけ（びん詰）… 大さじ2
　 めかぶ（味つけしていないもの）
　 　 … 1パック（50g）
　 しょうゆ … 小さじ1
　 豆板醤（トウバンジャン）… 少々
めんつゆ（ストレート）… ½ カップ
うどん（冷凍）… 1玉
長ねぎの青い部分（小口切り）… 適量

ピリ辛なめたけめかぶ

1 うどんは熱湯で
さっとゆでてほぐし、
冷水で洗い、
水けをきって器に盛る。

2 混ぜたA、長ねぎをのせ、
めんつゆをかける。

のりつくだ煮とろろ

とろろにめんつゆと
のりのつくだ煮のうまみをプラス。
すり鉢ですり合わせると、よくなじむし、
とろろはふんわり、めんにからみやすく。
このどごしのよさ、実感してみて。

● 材料（1人分）

のりのつくだ煮 … 小さじ2
長いも … 3cm
万能ねぎ（小口切り）… 1本
めんつゆ（ストレート）… ½カップ
うどん（冷凍）… 1玉

 うどんは熱湯でさっとゆでてほぐし、
冷水で洗い、水けをきって器に盛る。

 長いもは皮をむき、すり鉢ですりおろし、
途中でのりのつくだ煮、めんつゆを加えて
なじませる。万能ねぎとともに①にのせる。

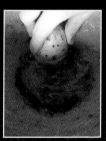

長いもを1cmくらいすり
おろしたら、のりのつくだ
煮とめんつゆを加え、とろ
ろとなじませながらすっって
いく。これで味のムラもな
く、なめらかに。

ほたて缶と切り干し大根の マヨレモン

定番のほたて缶と大根のサラダを切り干しで作ってみたら、これが大正解。シャキシャキの歯ごたえが小気味よく、オリジナルをしのぐようなおいしさに！めんとの相性？もちろん抜群です。

● 材料（1人分）

A ｜ ほたて水煮缶 … 小1缶（70g）
　｜ 切り干し大根（水につけて戻し、
　｜　　ざく切り）… ふたつまみ（10g）
　｜ マヨネーズ … 大さじ2
　｜ レモン汁 … 小さじ1
めんつゆ（ストレート）… 1/2カップ
冷や麦 … 1束（100g）
ブロッコリースプラウト（根元を切る）、
　　粗びき黒こしょう … 各適量

1 冷や麦は熱湯でゆで、冷水で洗い、水けをきって器に盛る。

2 混ぜたA（ほたて缶は汁ごと）、スプラウトをのせてめんつゆをかけ、黒こしょうをふる。

みそ味と豆乳は、相性ぴったんこ。
それにごまだれをプラスして、
よりクリーミーに仕上げました。
きゅうりのみずみずしさがステキです。

甘めのかば焼き缶のお相手は、
あっさり味のカッテージチーズ。
甘辛味とチーズのコンビって、
実はめんによく合うんです。

● 材料（1人分）

さばのみそ煮缶 … 1/4 缶（50g）
きゅうり（せん切り）… 1/3 本
A｜調整豆乳 … 1/2 カップ
　｜市販のごまだれ … 大さじ3
　｜さばのみそ煮缶の汁
　｜　… 大さじ1
　｜ごま油 … 少々
うどん（冷凍）… 1玉

さばみそ煮缶の豆乳ごまだれ

1 うどんは熱湯で
さっとゆでてほぐし、
冷水で洗い、
水けをきって器に盛る。

2 さば缶を粗くほぐしながら
きゅうりと混ぜ、**1**にのせ、
混ぜたAをかける。

● 材料（1人分）

A｜さんまのかば焼き缶
　｜（汁けをきり、粗くほぐす）
　｜　… 1/2 缶（50g）
　｜カッテージチーズ … 50g
みょうが（せん切り）… 1/2 個
めんつゆ（ストレート）… 1/2 カップ
うどん（冷凍）… 1玉

さんま缶とカッテージチーズ

1 うどんは熱湯で
さっとゆでてほぐし、
冷水で洗い、
水けをきって器に盛る。

2 混ぜたA、みょうがをのせ、
めんつゆをかける。

鮭フレークと
コーン缶の豆腐あえ

焼き鳥缶の
和風クリーム

豆腐のあえごろもに、
マヨネーズとすりごまのコクを加えて。
鮭フレークがいい味出してます。

● 材料（1人分）

鮭フレーク … 大さじ2
ホールコーン（汁けをきる）… 大さじ2
絹ごし豆腐 … ½丁（150g）
A｜白すりごま … 大さじ2
　｜マヨネーズ … 大さじ½
　｜しょうゆ … 小さじ1
めんつゆ（ストレート）… ½カップ
冷や麦 … 1束（100g）

1 豆腐はキッチンペーパー2枚で包み、
ざるに5分のせて軽く水きりし、
鮭フレーク、コーン、
Aを加えて混ぜる。

2 冷や麦は熱湯でゆで、冷水で洗い、
水けをきって器に盛る。
❶をのせ、めんつゆをかける。

焼き鳥缶とマッシュルームをただ混ぜて、
おつまみにしても美味。
さらりとしたミルク味のスープめんです。

● 材料（1人分）

焼き鳥缶（たれ味）… 小1缶（85g）
マッシュルーム（生・薄切り）… 2個
A｜牛乳 … ¾カップ
　｜水 … ¼カップ
　｜固形スープの素 … ½個
　｜めんつゆ（ストレート）… 大さじ1
うどん（冷凍）… 1玉
ブロッコリースプラウト（根元を切る）
　… 適量

1 耐熱容器に焼き鳥缶（汁ごと）、
マッシュルームを入れ、電子レンジで
温める。Aはひと煮立ちさせる。

2 うどんは熱湯でさっとゆでてほぐし、
湯をきって器に盛る。
❶のスープと具、スプラウトをのせる。

豆腐・油揚げ・納豆のっけめん 5

良質のたんぱく質を含み、栄養バランスも満点の大豆製品は、キング・オブ・食材、老若男女を問わず、誰もが積極的にとりたい素材のひとつ。めんとの相性だって、ええ、もちろん抜群です！ふんわり豆腐に、カリッと焼いた油揚げ、こんがり厚揚げ…。ツルツルめんとの組み合わせは、こんなにさっぱりヘルシーです。

豆腐ツナキムチ

豆腐揚げ玉しょうが

淡泊な豆腐には、ツナとごま油のコクが好相性。
キムチでパンチをきかせると、
食欲もモリモリわいてきます。

豆腐は水きりしないで、大きめにちぎってのせるだけ。
しょうがのかわりにゆずこしょうや、
練りがらしでもおいしい。

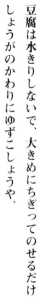

● 材料（1人分）

木綿豆腐（縦半分に切り、
　　1cm幅に切る）… ½丁（150g）
ツナ缶（汁けをきる）… 小1缶（70g）
白菜キムチ … ¼カップ（50g）
しょうゆ … 小さじ2
ごま油 … 小さじ1
うどん（冷凍）… 1玉

1 うどんは熱湯でさっとゆでてほぐし、
冷水で洗い、水けをきって器に盛る。

2 豆腐、ツナ、キムチをのせ、
しょうゆとごま油をかける。

● 材料（1人分）

絹ごし豆腐（大きめにちぎる）
　　… ½丁（150g）
揚げ玉 … 大さじ4
しょうが（すりおろす）… 大さじ1
めんつゆ（ストレート）… ½カップ
うどん（冷凍）… 1玉

1 うどんは熱湯でさっとゆでてほぐし、
冷水で洗い、水けをきって器に盛る。

2 豆腐、揚げ玉、しょうがをのせ、
めんつゆをかける。

豆腐ねぎマヨラー油

豆腐塩昆布ポン酢マヨ

豆腐＋ねぎの最高の組み合わせに
ラー油の辛みをきかせたら、
めきめき元気が出るひと皿に。
マヨネーズでコクを加えるのがミソ。

玉ねぎで歯ごたえと香りをプラス。
サラダのような軽い食べ心地です。
塩昆布のうまみがポイントなので、
たっぷりめにのせて。

● 材料（1人分）

木綿豆腐（1cm角に切る）
　…½丁（150g）
万能ねぎ（斜め薄切りにし、
　水にさらす）…5本
塩…小さじ⅓
マヨネーズ…大さじ1
ラー油…大さじ½
冷や麦…1束（100g）

● 材料（1人分）

木綿豆腐（スプーンですくう）
　…½丁（150g）
玉ねぎ（薄切りにし、
　水にさらす）…¼個
塩昆布…ふたつまみ
A｜ポン酢じょうゆ…大さじ2
　｜マヨネーズ…大さじ1
冷や麦…1束（100g）

1 冷や麦は熱湯でゆで、冷水で洗い、
水けをきって器に盛る。

2 豆腐、塩、マヨネーズ、
万能ねぎをのせ、ラー油をかける。

1 冷や麦は熱湯でゆで、冷水で洗い、
水けをきって器に盛る。

2 豆腐、玉ねぎ、塩昆布をのせ、
混ぜたAをかける。

豆腐ツナチーズ

豆腐と粉チーズは、実は相性抜群の組み合わせ。冷ややっこにチーズをかけるのも、おすすめの食べ方なんです。ツナと粉チーズのコクにしょうがのピリッとした辛みが加わって、男性陣にも大人気の味です。

● 材料（1人分）

絹ごし豆腐（大きめにちぎる）
　… ½丁（150g）
ツナ缶（汁けをきる）… 小1缶（70g）
粉チーズ … 大さじ3
しょうが（みじん切り）… 小さじ2
塩 … 小さじ⅓
オリーブ油 … 大さじ1
スパゲッティ … 100g

① スパゲッティは塩（分量外）を加えた
　熱湯でゆで、湯をきって器に盛る。

② 豆腐、塩、ツナ、しょうが、
　粉チーズをのせ、オリーブ油をかける。

豆腐のカルボナーラ風

豆腐はつぶして卵黄、マヨネーズと混ぜるだけで、クリーミーなソースになってくれます。にんにくでパンチを、卵とマヨネーズでコク出しを。ベーコンはパスタと一緒にゆでてしまって、ぐっとヘルシーなカルボナーラです。

● 材料（1人分）

絹ごし豆腐（木ベラなどで
　細かくつぶす）… ½丁（150g）
ベーコン（せん切り）… 3枚
卵黄 … 1個分
粉チーズ … 大さじ2
にんにく（すりおろす）… 小さじ½
マヨネーズ … 大さじ1
スパゲッティ … 100g
粗びき黒こしょう … 少々

1 スパゲッティは塩（分量外）を加えた熱湯でゆで、ゆで上がる30秒前にベーコンを加え、湯をきって器に盛る。

2 豆腐、粉チーズ、卵黄、にんにく、マヨネーズをのせ、黒こしょうをふる。

● 材料（1人分）

油揚げ（粗みじん切り）… 1枚
ちりめんじゃこ … 大さじ3
万能ねぎ（1cm幅に切る）… 3本
ごま油 … 大さじ1
ポン酢じょうゆ … 大さじ3〜4
そうめん … 2束（100g）

焼き油揚げじゃこねぎ

1 そうめんは熱湯でゆで、
冷水で洗い、
水けをきって器に盛る。

2 フライパンにごま油を熱し、
油揚を強めの中火で
カリカリに炒める。
じゃこ、万能ねぎとともに
❶にのせ、ポン酢をかける。

油揚げをカリカリに焼くのが
最大のポイントです。
しょうゆをからめれば、
めんに合う、合う！

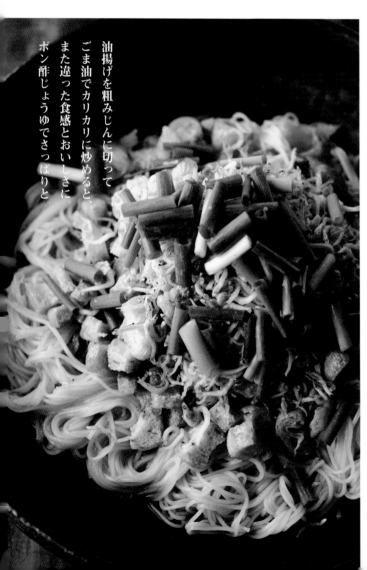

油揚げを粗みじんに切って
ごま油でカリカリに炒めると、
また違った食感とおいしさに。
ポン酢じょうゆでさっぱりと

● 材料（1人分）

油揚げ（横半分に切り、
　せん切り）… 1枚
みょうが（小口切り）… 1個
しょうゆ … 大さじ½
めんつゆ（ストレート）… ⅓カップ
うどん（乾めん）… 1束（100g）

焼き油揚げとみょうが

1 うどんは熱湯でゆで、
冷水で洗い、
水けをきって器に盛る。

2 フライパンに油揚げを入れ、
強めの中火でカリカリに炒め、
しょうゆをからめる。
みょうがとともに❶にのせ、
めんつゆをかける。

● 材料（1人分）

油揚げ（ひと口大に切る）… 1枚
なす（乱切り）… 1本
トマト（くし形切り）… 1個
にんにく（みじん切り）… 1かけ
A│みそ、酒 … 各大さじ1
　│砂糖、しょうゆ … 各小さじ1
サラダ油 … 大さじ2
うどん（冷凍）… 1玉

1 うどんは熱湯でさっとゆでてほぐし、
湯をきって器に盛る。

2 フライパンに油揚げを入れ、こんがり焼いて
取り出す。同じフライパンにサラダ油を熱し、
なすを強火で色づくまで炒め、にんにくを加えて
ひと炒めする。油揚げ、トマト、混ぜたAを
からめ、❶にのせる。

カリカリ油揚げとレタスのカレーマヨ

多めのカレー粉を加えた
スパイシーマヨが味の決めて。
よーくからめて食べましょう。

油揚げなすトマトのにんにくみそ炒め

先に油揚げを焼いて
取り出すことで、
カリッとした食感をキープ。
にんにくみそがからんだ
そのおいしさといったら！

● 材料（1人分）

油揚げ（6〜7mm幅に切る）… 1枚
レタス（ざく切り）… 1/4個
A│マヨネーズ … 大さじ1
　│カレー粉 … 小さじ1
オリーブ油 … 大さじ1
めんつゆ（ストレート）… 1/3カップ
うどん（乾めん）… 1束（100g）

1 うどんは熱湯でゆで、冷水で洗い、
水けをきって器に盛る。

2 フライパンにオリーブ油を熱し、
油揚げを強めの中火でカリカリに炒める。
レタス、混ぜたAとともに❶にのせ、
めんつゆをかける。

アボカドにわさびを合わせて、キリッと味をひきしめて。めんは、冷や麦やうどんでもOK。その時はオリーブ油はナシにして。

いつもの長ねぎを玉ねぎにすると、香りとうまみが全く違うんです！この3つ、つけつゆに加えても◎。

● 材料（1人分）

納豆 … 1パック（50g）

アボカド … 1/2 個

A | のりのつくだ煮 … 大さじ2
　 | おろしわさび … 小さじ1

オリーブ油 … 大さじ1

スパゲッティ … 100g

1 スパゲッティは塩（分量外）を加えた熱湯でゆで、湯をきって器に盛り、オリーブ油をかける。

2 アボカドは縦に1周切り込みを入れ、手でねじって半分に割り、包丁の角を種に刺して少しひねってはずし（p104参照）、手で皮をむいて薄切りにする。納豆、混ぜたAとともに**1**にのせる。

納豆アボカドのりつくだ煮

● 材料（1人分）

納豆 … 1パック（50g）

玉ねぎ（みじん切りにし、水にさらす）… 1/4 個

卵黄 … 1個分

めんつゆ（ストレート）… 1/4 カップ

そうめん … 2束（100g）

1 そうめんは熱湯でゆで、冷水で洗い、水けをきって器に盛る。

2 玉ねぎ、納豆、卵黄をのせ、めんつゆをかける。

納豆玉ねぎ卵黄

納豆明太子

納豆＋明太子＋コチュジャンは、
ごはんにのせても抜群においしい、
うまみ最強の組み合わせ。
レタスやゆでたキャベツ、アスパラなど、
野菜をプラスしてもいいですよ。

● 材料（1人分）

納豆 … 1パック（50g）

A｜明太子（薄皮を除く）
　　… ½腹（1本・40g）
　　ごま油 … 大さじ1
　　コチュジャン … 大さじ½
　　にんにく（すりおろす）… 小さじ1

うどん（冷凍）… 1玉

白いりごま … 少々

1 うどんは熱湯でさっとゆでてほぐし、
冷水で洗い、水けをきって器に盛る。

2 納豆、混ぜたAをのせ、白ごまをふる。

コチュジャンは、韓国の唐
辛子みそ。辛みだけでなく
適度な甘みがあり、こっく
りとした味わい。たれ、あ
えもの、炒めもの、鍋など
の味つけに使うとおいしい。

厚揚げのナンプラー炒め

厚揚げのピリ辛みそ炒め

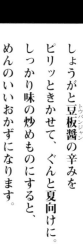

しょうがと豆板醤（トウバンジャン）の辛みを
ピリッときかせて、ぐんと夏向けに。
しっかり味の炒めものにすると、
めんのいいおかずになります。

● 材料（1人分）

厚揚げ（5mm幅に切る）… 小1枚
玉ねぎ（くし形切り）… ½個
しょうが（せん切り）… 1かけ
A｜みそ、酒 … 各大さじ1
　｜しょうゆ … 小さじ2
　｜砂糖、豆板醤（トウバンジャン）… 各小さじ1
サラダ油 … 大さじ1
冷や麦 … 1束（100g）

1 冷や麦は熱湯でゆで、冷水で洗い、水けをきって器に盛る。

2 フライパンにサラダ油を熱し、しょうがを中火で炒め、香りが出たら玉ねぎ、厚揚げを加えて炒める。油が回ったら混ぜたAをからめ、❶にのせる。

たくあんの食感とうまみが、
なんともいえないアクセントに。
レモン汁の酸味をきかせれば、
あと味さわやか。

● 材料（1人分）

A｜厚揚げ（短冊切り）… 小1枚
　｜たくあん（せん切り）… 5cm
にんにく（みじん切り）… 1かけ
B｜ナンプラー、レモン汁（または酢）… 各小さじ2
　｜砂糖 … 小さじ½
サラダ油 … 大さじ1
うどん（乾めん）… 1束（100g）
万能ねぎ（斜め薄切り）… 適量

1 うどんは熱湯でゆで、冷水で洗い、水けをきって器に盛る。

2 フライパンにサラダ油、にんにくを入れて中火で炒め、Aを加えて炒め合わせ、Bを加える。万能ねぎとともに❶にのせる。

野菜のっけめん

おおお〜、まだまだこんな手がありました!!
めんと一緒にゆでて、ささっと炒めて…。
生のままダダダと刻んで、
主婦にとっては、まさに感涙モノ!
野菜も一緒にとれてしまえば一石二鳥、
ひと皿完結のめんものだから、

● 材料（1人分）

もやし … ½ 袋（100g）
梅干し（たたく）… 大さじ1
削り節 … 1パック（5g）
めんつゆ（ストレート）… ¼ カップ
そうめん … 2束（100g）

もやし梅おかか

1 もやしは熱湯でゆで、再び煮立ったらそうめんを加え、一緒にざるに上げて冷水で洗い、水けをきって器に盛る。

2 削り節、梅干しをのせ、めんつゆをかける。

そうめんともやしを一緒にゆでて、カサ増し＆ぐっとヘルシーに。さっぱり梅おかか味で、夏場にうれしいめんです。

定番・釜玉うどんに、キャベツをプラス。めんと同じ鍋でゆでれば、あらし簡単。野菜はアスパラ、パプリカ、レタス、ハムやしらすを加えてもおいしい。

キャベツ卵黄ゆずこしょう

● 材料（1人分）

キャベツ（ひと口大にちぎる）
　… 2枚
卵黄 … 1個分
ゆずこしょう … 小さじ½
めんつゆ（ストレート）
　… ¼ カップ
うどん（冷凍）… 1玉

1 うどんとキャベツは熱湯で一緒にさっとゆで、うどんがほぐれたら、湯をきって器に盛る。

2 卵黄、ゆずこしょうをのせ、めんつゆをかける。

● 材料（1人分）

A
枝豆（ゆでてさやから出す）
　…½カップ
しょうが（みじん切り）… 1かけ
青じそ（みじん切り）… 5枚
みょうが（みじん切り）… 1個
しょうゆ … 大さじ1½
みりん … 小さじ½

うどん（乾めん）… 1束（100g）

枝豆の薬味あえ

1 うどんは熱湯でゆで、冷水で洗い、水けをきって器に盛る。

2 混ぜたAをのせる。

おつまみで残った枝豆があれば、こうして漬けて、ニューおかずに。冷蔵室でしっかり冷やすと、とびきりのおいしさ！

めんと大の仲良しの大根おろしですが、歯ごたえのあるものを1つ加えるとぐっと味わい深くなります。たくあん、野沢菜、高菜でもマル。

● 材料（1人分）

大根おろし（水けを軽くきる）
　… 5cm分
しば漬け（みじん切り）… 大さじ3
万能ねぎ（小口切り）… 3本
めんつゆ（ストレート）… ¼カップ
冷や麦 … 1束（100g）

おろししば漬けねぎ

1 冷や麦は熱湯でゆで、冷水で洗い、水けをきって器に盛る。

2 大根おろし、しば漬け、万能ねぎをのせ、めんつゆをかける。

● 材料（1人分）

長いも（すりこ木でひと口大に
　　たたく）… 10cm
ちりめんじゃこ … 大さじ4
ごま油 … 大さじ1
しょうゆ … 大さじ½
うどん（冷凍）… 1玉

❶ うどんは熱湯で
さっとゆでてほぐし、
冷水で洗い、
水けをきって器に盛る。

❷ フライパンにごま油を熱し、
じゃこをカリカリに炒める。
長いもとともに❶にのせ、
しょうゆをかける。

たたき長いもと
カリカリじゃこ

きゅうりはまん中の種を除くと、
歯ごたえシャキシャキに。
ここに氷を加えて、
水キムチ風にしてもいけます。

長いものシャキシャキ感、
じゃこのカリカリ食感がおいしい。
アツアツにしょうゆをかけると
香りが立って、いっそう美味。

● 材料（1人分）

きゅうり … 2本
A｜コチュジャン、ごま油
　｜　… 各大さじ½
　｜ナンプラー … 小さじ1
　｜塩 … 小さじ⅓
　｜にんにく（すりおろす）… 少々
冷や麦 … 1束（100g）
一味唐辛子 … 少々

❶ 冷や麦は熱湯でゆで、
冷水で洗い、
水けをきって器に盛る。

❷ きゅうりは縦半分に切り、種を
スプーンでとり、斜め薄切りにして
Aであえる。❶にのせ、一味をふる。

きゅうりのピリ辛ナムル

● 材料（1人分）

トマト（粗みじん切り）… 1個
万能ねぎ（小口切り）… 3本
白すりごま … 大さじ1
A｜豆乳（成分無調整のもの）
　　… 3/4 カップ
　　めんつゆ（ストレート）
　　… 1/2 カップ
冷や麦 … 1束（100g）

1 冷や麦は熱湯でゆで、
冷水で洗い、
水けをきって器に盛る。

2 混ぜたAをかけ、
トマト、すりごま、
万能ねぎをのせる。

トマトのさわやかな酸味で、
食欲がない日でも
するする食べられます。
スープは温かくしてもおいしい。

オクラなめたけ

トマトごま豆乳

● 材料（1人分）

オクラ … 5本
なめたけ（びん詰）… 大さじ2
フレンチマスタード … 小さじ1
めんつゆ（ストレート）… 1/4 カップ
そうめん … 2束（100g）

1 オクラは熱湯でさっとゆで、
湯をきって斜め薄切りにする。
同じ湯でそうめんをゆで、
冷水で洗い、
水けをきって器に盛る。

2 オクラ、なめたけをのせ、
マスタードとめんつゆをかける。

食べ慣れためんつゆ味の中で、
マスタードの香りがアクセント。
ゆずこしょう、コチュジャン、豆板醤（トウバンジャン）、
七味や一味唐辛子でも合いますよ。

きのこのコチュジャン炒め

きのこはしっかり焼きつけると
香りが立って、数段おいしく。
エリンギやえのきでもお試しを。

● 材料（1人分）

しめじ（ほぐす）… 小1パック
生しいたけ（薄切り）… 2枚
A｜酒 … 大さじ1
　｜コチュジャン、しょうゆ … 各大さじ½
　｜砂糖 … 小さじ½
　｜長ねぎ（みじん切り）… 大さじ½
　｜にんにく（すりおろす）… 少々
ごま油 … 大さじ½
冷や麦 … 1束（100g）

① 冷や麦は熱湯でゆで、冷水で洗い、
水けをきって器に盛る。

② フライパンにごま油を熱し、きのこを
強火で炒め、焼き色がついたら
混ぜたAをからめ、①にのせる。

● 材料（1人分）

チンゲンサイ（長さを2〜3等分し、
　太めのせん切り）… 2株
赤唐辛子（小口切り）… 1本
A｜酒 … 大さじ1
　｜塩 … 小さじ½
B｜にんにく（みじん切り）… 2かけ
　｜オリーブ油 … 大さじ1
冷や麦 … 1束（100g）

① 冷や麦は熱湯でゆで、冷水で洗い、
水けをきって器に盛る。

② フライパンにBを入れて弱火にかけ、
薄く色づいたらにんにくを取り出す。
同じフライパンで赤唐辛子を炒め、
チンゲンサイを加えてしんなりしたら
Aを加え、①にのせてにんにくを散らす。

どっさりにんにくと
チンゲンサイ炒め

カリッときつね色に炒めた、
にんにくがおいしさのカギ。
キャベツやきのこで作っても。

● 材料（1人分）

にら（小口切り）… 1/4 束

豚薄切り肉（ひと口大に切る）… 100g

白菜キムチ … 1/2 カップ（100g）

しょうゆ … 大さじ 1/2

塩、こしょう … 各少々

ごま油 … 大さじ 1

うどん（乾めん）… 1 束（100g）

① うどんは熱湯でゆで、冷水で洗い、
水けをきって器に盛る。

② フライパンにごま油を熱し、
豚肉を中火で炒め、肉の色が変わったら
塩、こしょうをふり、
キムチとしょうゆをからめる。
にらとともに❶にのせる。

にら豚キムチ

にらは細かく刻んで生でのせ、
余熱でしんなりさせるくらいで
フレッシュな香りを楽しみます。
好きな方は、もっともっと入れても！

ピーマンとひき肉の
オイスターソース炒め

肉は炒める前に片栗粉を混ぜると、ぐっとやわらかく仕上がります。めんにもしっかりからんで美味。

● 材料（1人分）

ピーマン（せん切り）… 2個　　　サラダ油 … 大さじ1
豚ひき肉 … 100g　　　　　　　冷や麦 … 1束（100g）
A｜酒 … 小さじ2
　｜片栗粉 … 小さじ1
玉ねぎ（薄切り）… 1/4 個
B｜オイスターソース、酒 … 各小さじ2
　｜しょうゆ … 小さじ1
　｜砂糖 … 小さじ1/2
　｜にんにく（すりおろす）… 小さじ1/2

1 冷や麦は熱湯でゆで、冷水で洗い、
　　水けをきって器に盛る。

2 ひき肉はAを加えて菜箸で混ぜ、
　　サラダ油を熱したフライパンで炒める。
　　パラパラになったら玉ねぎ、ピーマンを加え、
　　混ぜたBをからめ、❶にのせる。

● 材料（1人分）

キャベツ（1cm幅に切る）… 3枚
ちくわ（薄い小口切り）… 1本
A｜ウスターソース … 大さじ1
　｜カレー粉 … 小さじ1/2
　｜塩 … 小さじ1/3
サラダ油 … 大さじ1
冷や麦 … 1束（100g）

1 冷や麦は熱湯でゆで、冷水で洗い、
　　水けをきって器に盛る。

2 フライパンにサラダ油を熱し、
　　ちくわとキャベツを中火でしんなり炒め、
　　Aをからめて❶にのせる。

キャベツとちくわの
スパイシー炒め

カレー粉にウスターソースを加えて、スパイシーさをさらにアップ。甘みのあるキャベツとの組み合わせ、あとをひく味です！

● 材料（1人分）

にんじん（せん切り）… ½ 本
ベーコン（せん切り）… 2枚
A｜ウスターソース … 大さじ 2
　｜しょうゆ… 小さじ ½
サラダ油 … 大さじ ½
ごま油 … 小さじ 1
中華生めん … 1玉

1 中華めんは熱湯でゆで、湯をきって器に盛り、
ごま油をまぶす。

2 フライパンにサラダ油を熱し、
ベーコンとにんじんを中火で炒め、
しんなりしたら A をからめ、**1**にのせる。

にんじんとベーコンの
ソース炒め

甘めのにんじんには
ウスターソースをピリッときかせると、
味のバランスもばっちり。
一気にソース焼きそば風に
めんにはごま油をまぶして、
くっつき防止＆風味をプラスします

● 材料（2人分）

ゴーヤ … ½本
ロースハム（細切り）… 2枚
A｜しょうが（すりおろす）… 1かけ
　｜しょうゆ … 大さじ1
　｜酢、みりん … 各小さじ1
削り節 … 適量

**ゴーヤとハムの
しょうがじょうゆあえ**

1 ゴーヤは縦半分に切り、種とワタを
スプーンでかきとって薄切りにし、熱
湯で2分ゆでて水にとり、水けをきる。

2 ボウルにAを合わせ、①、ハム、削
り節を加えてあえる。

**ピーマン、
ひじき、
ささみのサラダ**

● 材料（2人分）

ピーマン（せん切り）… 1個
芽ひじき（乾燥・水につけて戻す）
　… 大さじ1
鶏ささみ … 1本（50g）
A｜レモン汁 … 大さじ2
　｜ナンプラー、サラダ油
　｜　… 各大さじ1
　｜砂糖 … 大さじ½
　｜しょうゆ … 少々

1 ささみは熱湯で1分ゆでて
火を止め、そのまま5分お
き、粗熱がとれたら手で
さく。

2 ボウルにAを合わせ、①、
ピーマン、ひじきを加えて
あえる。

たたききゅうりの梅あえ

● 材料（2人分）

きゅうり … 2本
青じそ（せん切り）… 2枚
A｜梅干し（たたく）… 1個
　｜しょうゆ … 大さじ½
　｜みりん … 小さじ½
塩 … 適量

1 きゅうりは塩少々をふっ
て板ずりし、めん棒でた
たき、手でひと口大に割
る。塩少々をふって5分
おき、水けを絞る。

2 ボウルにAを合わせ、①
を加えてあえ、青じそを
のせる。

**切り干し大根と
パプリカの甘酢あえ**

● 材料（2人分）

切り干し大根（水につけて戻し、
　ざく切り）… ふたつまみ（10g）
パプリカ（黄・細切り）… ¼個
A｜酢 … 大さじ2
　｜砂糖 … 大さじ1
　｜しょうゆ … 小さじ1
　｜水 … 大さじ3

1 ボウルにAを合わせ、切り干し大根、
パプリカを加えてあえ、15分以上な
じませる。

汁のっけめん

7

年じゅういつだって、やっぱりおいしい。
アツアツ汁めんは、
しょうが、にんにく、キムチや赤唐辛子をぎりっときかせて、
ピリッと、スパイシーに、刺激的に！
スープもしっかり飲み干せば、
ボリュームだって満点！！

ゆでたそうめんに、
冷たいままの豆乳とキムチをのせるだけ。
韓国では夏の定番めんで、
「コングクス」と呼ぶそうです。

チャーシューとメンマの
うまみと香りがぎゅっと。
ラーメンスープを思わせる
あっさり、だけどコクのあるひと皿。

キムチ豆乳

● 材料（1人分）

白菜キムチ … ½カップ（100g）

豆乳（成分無調整のもの）
　… 1½カップ

塩 … 小さじ ¼

そうめん … 70g

1 そうめんは熱湯でゆで、冷水で洗い、
水けをきって器に盛る。

2 冷たい豆乳をかけて塩をふり、
キムチをのせる。

チャーシューメンマスープ

● 材料（1人分）

A｜市販のチャーシュー（せん切り）
　　… 5枚（80g）
　｜味つきメンマ（びん詰）… 40g

B｜鶏ガラスープの素、しょうゆ
　　… 各小さじ1
　｜塩 … 小さじ ¼
　｜水 … 1½カップ
　｜長ねぎ（粗みじん切り）… 5cm

そうめん … 70g

粗びき黒こしょう … 少々

1 鍋にBを入れて煮立たせ、
Aを加えてひと煮立ちさせる。

2 そうめんは熱湯でゆで、
湯をきって器に盛る。
❶をかけ、黒こしょうをふる。

ねぎとわかめの香りが、
口の中いっぱいに！
ごま油をちらりとたらして
コクをプラスしてもいいです。

ふんわり、なめらかに仕上げるコツは、
片栗粉でとろみをつけてから
卵を細ーく回し入れること。
しょうがは思いきってたっぷりと！

どっさりねぎとわかめの中華スープ

● 材料（1人分）

長ねぎ（薄い小口切り）… ½ 本
塩蔵わかめ（水につけて戻し、
　ざく切り）… 20g
A｜鶏ガラスープの素 … 小さじ 1
　｜塩、しょうゆ … 各小さじ ⅓
　｜水 … 1½ カップ
そうめん … 70g
こしょう … 少々

1 鍋に A を入れ、
ひと煮立ちさせる。

2 そうめんは熱湯でゆで、
湯をきって器に盛る。
1 をかけて長ねぎ、
わかめをのせ、
こしょうをふる。

しょうがたっぷりかき玉汁

● 材料（1人分）

卵 … 1個
しょうが（すりおろす）… 1 かけ
A｜だし汁 … 1½ カップ
　｜塩、しょうゆ … 各小さじ ⅓
B｜片栗粉 … 小さじ 1
　｜だし汁 … 小さじ 2
そうめん … 70g

1 鍋に A を入れて煮立たせ、
混ぜた B を加えてとろみをつけ、
溶いた卵を細く回し入れ、
ふんわり浮いてきたら
火を止める。

2 そうめんは熱湯でゆで、
湯をきって器に盛る。
1 をかけ、しょうがをのせる。

● 材料（1人分）

豚ひき肉 … 100g
にら（小口切り）… 1/4 束
A｜みそ、しょうゆ
　｜　… 各小さじ1
　｜酒 … 小さじ2
豆板醤 … 小さじ1/2
水 … 1 1/2 カップ

B｜しょうが（すりおろす）… 1かけ
　｜にんにく（すりおろす）… 1かけ
　｜白練りごま … 大さじ2
　｜酢 … 大さじ1
　｜鶏ガラスープの素 … 小さじ1/2
サラダ油 … 小さじ1
中華生めん … 1玉
ラー油 … 大さじ1/2

① 鍋にサラダ油を熱し、ひき肉を中火で炒め、パラパラになったらA、豆板醤の順にいりつける。水を加えて強火で2〜3分煮、Bを加えてひと煮立ちさせる。

② 中華めんは熱湯でゆで、湯をきって器に盛る。①をかけてにらをのせ、ラー油をかける。

担々スープ
タンタン

ピリッと辛くて、ごまの風味いっぱいのおなじみ担々めんのスープです。ひき肉は、しっかり炒めてから調味料を加えると、おいしい具材になってくれます。

あさりのにんにくスープ

砂抜き済みのものでも
さらに2時間ほど砂出しし、
殻をこすり合わせて洗うのが
あさりをよりおいしく食べるコツ。

● 材料（1人分）

A｜あさり（砂抜きしたもの）… 200g
　｜白ワイン … 大さじ3
B｜玉ねぎ（みじん切り）… 1/4 個
　｜にんにく（みじん切り）… 1かけ
塩 … 小さじ 1/3
バター … 20g
スパゲッティ … 70g
C｜パセリ（みじん切り）、
　｜粗びき黒こしょう … 各適量

❶ スパゲッティは塩（分量外）を加えた
熱湯でゆで、湯をきって器に盛る。

❷ 鍋にバター、Bを入れて中火で炒め、Aを加えて
煮立たせ、水1½カップを加え、あさりが
開いたら塩を加える。❶にかけ、Cをふる。

豚ひきとセロリのエスニックスープ

このひき肉は、うまみ出し係。
色が変わったらすぐに水分を加え、
スープにうまみを移すのがコツ。

● 材料（1人分）

豚ひき肉 … 100g
セロリ（斜め薄切り）… 1本
A｜にんにく（みじん切り）… 1かけ
　｜赤唐辛子（小口切り）… 1本
水 … 1½カップ
B｜ナンプラー … 大さじ1
　｜塩、こしょう … 各少々
サラダ油 … 小さじ1
冷や麦 … 70g

❶ 鍋にサラダ油を熱し、Aを中火で炒め、
香りが出たらひき肉を加え、
色が変わったらセロリ、水を加える。
煮立ったらアクをすくい、Bを加える。

❷ 冷や麦は熱湯でゆで、湯をきって
器に盛り、❶をかける。

具だくさん ドレッシング

にんじんドレッシング

チンしたにんじんの甘み、きれいな色みがたまらない！

● 材料（約1カップ分）
にんじん（ざく切り）… 1本
玉ねぎ（ざく切り）… 1/8個
白ワインビネガー（または酢）… 大さじ4
オリーブ油、ごま油 … 各大さじ2
塩、はちみつ … 各小さじ1
粗びき黒こしょう … 少々

● 作り方
にんじんはラップをかけて電子レンジで2分加熱
し、その他の材料とともにミキサーにかける。
＊日持ちは冷蔵室で1週間くらい。ざく切りのキャベツ、
ホールコーン、焼いた厚揚げにかけて

じゃこドレッシング

甘辛しょうゆ味に、じゃこのカリカリッがおいしい

● 材料（約1カップ分）
ちりめんじゃこ … 1/2カップ
A｜しょうが（みじん切り）… 2かけ
　｜赤唐辛子（小口切り）… 1本
B｜しょうゆ … 大さじ2　砂糖 … 小さじ2
サラダ油、酢 … 各大さじ4

● 作り方
小さめのフライパンにサラダ油、ちりめんじゃこ
を入れて中火で香ばしく炒め、Aを加えて香りが
出たらBを混ぜ、火を止めて酢を混ぜる。
＊冷めたらびんに入れ、日持ちは冷蔵室で1週間くらい。
レタス、きゅうり、長いも、ゆでたじゃがいもにかけて

香味ドレッシング

長ねぎ、にんにく、しょうが入りの中華味

● 材料（約1カップ分）
長ねぎ（みじん切り）… 1/2本
にんにく、しょうが（みじん切り）… 各2かけ
酢 … 大さじ5　　しょうゆ … 大さじ3
砂糖 … 大さじ2　　ごま油 … 大さじ1

● 作り方
材料をすべてよく混ぜる。
＊日持ちは冷蔵室で1週間くらい。葉野菜の上に焼い
た肉やから揚げをのせてかけたり、素揚げにした野菜、
焼いたり揚げたりした切り身魚にかけて

サルサドレッシング

ピリリとタバスコがきいた、食欲をそそる味

● 材料（約1カップ分）
トマト（ざく切り）… 中1個
A｜玉ねぎ（ざく切り）… 1/8個
　｜白ワインビネガー（または酢）… 大さじ3
塩、はちみつ、タバスコ … 各小さじ1
香菜（みじん切り）… 2株

● 作り方
Aは合わせて5分おき、香菜以外の材料とともに
ミキサーにかけ、香菜を混ぜる。
＊日持ちは冷蔵室で3日くらい。アボカドとゆで卵、レ
タスとトルティーヤチップス、揚げじゃがいもにかけて

朝のっけサラダ

1

忙しい朝でも、さっと作って出せるサラダばかり。
野菜は切るだけ、電子レンジでチンするだけ。
具は混ぜてのせるだけと、どれもスピーディです。
火いらずで、どれもスピーディです。
朝しっかり野菜をとると、お腹の調子もよくなるし、
実は太りにくいという、うれしい説もあるんです。

ちぎりキャベツ、
しらす、のり

キャベツは、器に盛りながら塩をふれば、
全体にまんべんなく味がつきます。
このままでもシンプルでいいけれど、
削り節や白ごまを加えてもおいしい。

● 材料（2人分）

キャベツ（食べやすくちぎる）… 大4枚
塩… 小さじ¼
A｜しらす… 大さじ3
　｜焼きのり（ちぎる）… 全形1枚
ごま油… 小さじ2

① 器にキャベツを盛りながら
　塩をふり、Aをのせ、
　ごま油をかける。

細切りキャベツ、ツナピクルス

ツナにレモン汁を加えるのがポイントで、ピクルスの酸味とあいまって、あと味さっぱり。野菜はレタスやきゅうり、トマトのほか、スライスした玉ねぎで作ってもいけます。

● 材料（2人分）

キャベツ（細切り）… 大4枚

A｜ツナ缶（汁けを軽くきる）
　　… 小1缶（70g）
　　ピクルス（薄い小口切り）… 3本
　　レモン汁（または酢）… 小さじ2
　　塩… 少々

粗びき黒こしょう… 少々

① 器にキャベツを盛り、
　混ぜたAをのせ、
　黒こしょうをふる。

細かく刻んでタルタルソースに加えることでおなじみの、きゅうりのピクルス。薄くスライスして、ゆで卵にのせて食べても美味。

せん切りキャベツ、塩昆布、温玉

塩昆布のうまみと塩けで、キャベツが山ほど食べられます。しょうゆのかわりに、ごま油を加えても。にんじんやかぶで作るのもおすすめ。

● 材料（2人分）

キャベツ（せん切り）… 大4枚
塩昆布 … ふたつまみ
温泉卵（作り方はp36へ）… 1個
しょうゆ … 小さじ1

塩昆布は、昆布をしょうゆと砂糖で煮、乾燥させて塩などをまぶしたもの。うまみたっぷりでおにぎりはもちろん、あえものにも便利。

① 器にキャベツを盛り、塩昆布、温泉卵をのせ、しょうゆをかける。

ちぎりレタス、ツナキムチ

野菜はキャベツや、せん切りの大根でも。
隠し味程度に加えたマヨネーズが、
キムチのクセと辛さをやわらげてくれます。
このツナキムチは、野菜はもちろん、
ごはんにのせて食べても美味。

● 材料（2人分）

レタス（大きめにちぎる）… ½個

A ツナ缶（汁けを軽くきる）… 小1缶（70g）
白菜キムチ（ざく切り）… ½カップ（100g）
マヨネーズ … 大さじ1

白いりごま … 少々

① 器にレタスを盛り、
混ぜたAをのせ、白ごまをふる。

ざく切りレタス、かにかま、マヨポン酢

うまみが詰まったかにかまをのせたら、ボリュームだって十分。七味唐辛子で全体の味を引きしめます。キャベツや玉ねぎ、焼いたなすで作ってもおいしい。

● **材料(2人分)**

レタス(ざく切り)… ½個

かにかま(ほぐす)… 4本

A | マヨネーズ … 大さじ2
  | ポン酢じょうゆ … 大さじ1

七味唐辛子 … 少々

① 器にレタスを盛り、かにかまをのせ、混ぜたAと七味をかける。

サニーレタス、おかか、チーズ

おかかとチーズ、しょうゆは、間違いなくおいしい組み合わせ。レタスやきゅうり、ゆでもやしなど、淡泊な野菜によく合います。

● 材料（2人分）

サニーレタス（ひと口大にちぎる）… 4枚
A｜ 削り節 … 1パック（5g）
　｜ プロセスチーズ（1cm角に切る）… 40g
　｜ 白すりごま … 大さじ2
しょうゆ … 小さじ2

① 器にサニーレタスを盛り、Aをのせ、しょうゆをかける。

きゅうり、ちくわからしマヨ

ちくわとからしマヨネーズは、おいしさ最強の名コンビ。きゅうりは大きめにたたくくらいが、水っぽくならなくていいです。

● 材料（2人分）

きゅうり（すりこ木でたたき、ひと口大に割る）… 2本
A｜ ちくわ（1cm幅に切る）… 2本
　｜ マヨネーズ … 大さじ2
　｜ 練りがらし … 小さじ1

① 器にきゅうりを盛り、混ぜたAをのせる。

水菜、豆腐、梅マヨネーズ

ごま油で香りをつけた
梅マヨネーズが、
水菜や豆腐とよく合います。
豆腐は手でくずして、
やわらかな食感を楽しんで。

● 材料 (2人分)

水菜(4cm長さに切る)… ½束　A｜マヨネーズ … 大さじ2
木綿豆腐(水けをふく)　　　｜梅干し(たたく)、だし汁(または水)
　… ½丁(150g)　　　　　　｜　… 各大さじ1
青じそ(せん切り)… 5枚　　｜ごま油 … 小さじ1

1 器に水菜を盛り、豆腐(手でくずしながら)、
　青じそをのせ、混ぜたAをかける。

もやし、ザーサイ、ハムラー油

辛いのが苦手な人は、
ラー油のかわりにごま油でも。
うまみたっぷりのザーサイとハムは、
あえるだけで、炒めもの顔負けのおいしさ。

● 材料 (2人分)

もやし… 1袋(200g)
A｜味つきザーサイ(びん詰)… 約⅓びん(30g)
　｜ロースハム(放射状に6等分に切る)… 3枚
　｜しょうゆ、ラー油(好みで)… 各小さじ1

1 耐熱皿にもやしをのせ、ラップをかけて
　電子レンジで2分加熱し、水けをしっかりきる。
　器に盛り、混ぜたAをのせる。

晩のっけ サラダ

メインのおかずとつけ合わせを合体させた、
ボリューム満点ののっけサラダは、
実はいいことずくめ。
普段は肉や魚ばかりを食べてしまうところを、
いつのまにやら、野菜も一緒にお口の中へ。
下の野菜におかずの味がしみて、ややしんなり。
これがまた、抜群においしいんです！

2

● 材料（2人分）

キャベツ（食べやすくちぎる）… 大4枚

豚ロース薄切り肉 … 10枚（200g）

A｜にんにく、しょうが（みじん切り）… 各1かけ
　｜しょうゆ … 大さじ2
　｜酒、みりん … 各大さじ½
　｜砂糖 … 小さじ1

サラダ油 … 大さじ½

ピーナッツ（粗くつぶす）… 大さじ3

① フライパンにサラダ油を熱し、
　豚肉を広げて入れ、
　強火で両面をこんがりと焼き、
　混ぜたAをからめる。

② 器に盛ったキャベツにのせ、
　ピーナッツを散らす。

ピーナッツは、すりこ木でた
たいて粗めにつぶすと、包
丁で刻むよりも歯あたりがや
さしくなる。香菜（シャンツァ
イ）や春菊とも相性抜群。

キャベツ、豚肉の香味焼き、ナッツ

人気のしょうがが焼きに、にんにくも加えた、
食べごたえ満点の甘辛味です。
ちぎったキャベツにのせて、一緒にもりもりと！
ピーナッツは粗くつぶすと、食感が残っておいしい。

キャベツ、豚高菜炒め、マヨ

ピリ辛味の豚バラ肉の高菜炒めを
たっぷりのせん切りキャベツと合わせます。
マヨネーズをかけて、さらにうまみをアップ。
これにごはんと汁ものがあれば、
スピード献立にもなります。

● 材料（2人分）

キャベツ（せん切り）… 大4枚
豚バラ薄切り肉 … 10枚（200g）
A｜高菜漬け（さっと洗い、みじん切り）… ¾カップ（100g）
　｜赤唐辛子（小口切り）… 1本
　｜酒 … 大さじ1
　｜しょうゆ、砂糖 … 各小さじ1
ごま油 … 大さじ½
マヨネーズ … 適量

① フライパンにごま油を熱し、豚肉を広げて入れ、
　強火で両面をこんがりと焼き、
　Aを加えてさっと炒め合わせる。

② 器に盛ったキャベツにのせ、
　マヨネーズをかける。

キャベツ、ドライカレー、目玉焼き

手早く作れるのに、深い味わいの
うちで人気のドライカレーです。
ゆでたじゃがいも、かぼちゃ、れんこん、
カリフラワーにのせてもおいしいです。

● 材料（2人分）

キャベツ（3cm角に切る）… 大4枚
合びき肉 … 100g
A │ 玉ねぎ（みじん切り）… ¼個
　 │ にんじん、セロリ（みじん切り）… 各¼本
　 │ にんにく、しょうが（みじん切り）
　 │ 　… 各½かけ
カレー粉 … 小さじ2
ホールトマト缶（フォークで細かくつぶす）
　 … ¼缶（100g）
B │ 酒 … 大さじ½
　 │ ケチャップ、しょうゆ … 各小さじ1
　 │ 塩 … 小さじ½
サラダ油 … 小さじ1
卵 … 2個

① フライパンにサラダ油を熱し、
　 Aを強火で透き通るまで炒め、
　 ひき肉を加えて色が変わったら、
　 カレー粉を加えて香りが出るまで炒める。
　 トマト缶を加えて煮立たせ、
　 Bを加えて汁けがなくなるまで煮る。

② フライパンにサラダ油小さじ1
　 （分量外）を熱し、卵を割り入れ、
　 中火でふたをせずに
　 黄身がとろとろの目玉焼きを作る。
　 器に盛ったキャベツに❶とともにのせる。

サニーレタス、鶏肉のカレーマリネ焼き

カレー粉やケチャップ、にんにく、しょうがでじっくり漬け込んだ鶏肉は、ただ焼くだけで、とびきりのごちそう。こげやすいので、焼く前にたれをぬぐうのと、中火でじっくり火を通すのを忘れずに。

● 材料（2人分）

サニーレタス（ひと口大にちぎる）… 4枚
きゅうり（1cm幅の半月切り）… 1本
鶏もも肉（大きめのひと口大に切る）… 1枚（250g）
A｜マヨネーズ … 大さじ2
　｜ケチャップ、酒 … 各大さじ1
　｜カレー粉 … 大さじ1/2
　｜しょうゆ … 小さじ1
　｜塩 … 小さじ1/3
　｜にんにく、しょうが（すりおろす）… 各1かけ

① ボウルにAを入れて混ぜ、鶏肉を加えて30分以上漬ける。何もひかずに熱したフライパンにたれをぬぐってから入れ、中火で両面をこんがりと焼き、残ったたれを加えて2～3分煮る。

② 器に盛った野菜にのせる。

カレー粉、ケチャップ、マヨネーズなどを混ぜたたれに、あらかじめ鶏肉を30分～ひと晩漬ける。マヨネーズの効果で、肉がやわらかく焼き上がる。

キャベツのコールスロー、カリカリベーコン

野菜は塩もみせず、調味料を混ぜるだけのクイックコールスローです。冷蔵室で保存すれば3〜4日もつので、多めに作ってストックするのもおすすめ。カリカリのあとのせベーコンが、抜群のアクセント。

● 材料（2人分）

キャベツ（細切り）… 大4枚
にんじん（せん切り）… 1/3本
玉ねぎ（薄切り）… 1/4個
A | 塩 … 小さじ1/3
　 | 白ワインビネガー
　 | 　（または酢）… 大さじ1/2
　 | こしょう … 少々
　 | オリーブ油 … 大さじ1/2
ベーコン … 4枚
サラダ油 … 小さじ1
粗びき黒こしょう … 少々

① ボウルに野菜を入れ、Aを順に加え、よく混ぜて器に盛る。

② フライパンにサラダ油を熱し、ベーコンをフライ返しで押しつけながら中火でカリカリに焼き、キッチンペーパーにのせて油をきる。①にのせ、黒こしょうをふる。

ベーコンを焼く時は、中火でフライ返しでぎゅっと押しながら。こうすると、まっすぐなままカリカリに焼き上がる。

94

水菜、ささみの梅わさびあえ

ささみは、電子レンジで蒸したあと
蒸し汁にからめておくと、
しっとりとおいしくなります。
梅の酸味とわさびがきいた、
さっぱり味のサラダです。

● 材料 (2人分)

水菜(3〜4cm長さに切る) … ½束
鶏ささみ … 4本(200g)
A │ 酒 … 大さじ ½
　 │ 塩 … 少々
B │ 梅干し(たたく)、白すりごま … 各大さじ1
　 │ しょうゆ、おろしわさび … 各小さじ1

① 耐熱皿にささみをのせてAをふり、
　 ラップをかけて電子レンジで3分加熱し、
　 そのまま冷ます。

② 手で食べやすくさいて蒸し汁にからめ、
　 Bであえて器に盛り、水菜をのせる。

レタス、豚しゃぶポン酢おろし

肉は、温かいうちにたれであえると
ぐんとやわらかく、
ジューシーに仕上がります。
ゆずこしょうが香るおろしだれで、
野菜がもりもり食べられます。

● 材料 (2人分)

レタス(食べやすくちぎる) … ½個
豚ロース肉(しゃぶしゃぶ用) … 20枚(200g)
A │ 大根おろし(水けを軽くきる) … 10cm分
　 │ ポン酢じょうゆ … 大さじ4
　 │ ゆずこしょう … 小さじ½
黒いりごま … 少々

① 豚肉は塩少々(分量外)を加えた熱湯で
　 色が変わるまでゆで、キッチンペーパーで
　 水けをふき、温かいうちに
　 ボウルに合わせたAであえる。

② 器に盛ったレタスにのせ、黒ごまをふる。

じゃがいも、ウインナのチーズ焼き

じゃがいもにマヨネーズを塗ってコクを出し、ウインナとチーズをのせて、こんがりと焼きます。ボリューム満点、ほくほくのポテトがおいしい、ニューホットサラダです。

● 材料（2人分）

じゃがいも … 中2個

マヨネーズ … 大さじ1

A　ウインナ（縦半分に切る）… 6本
　　ピザ用チーズ … 1/2カップ

① じゃがいもは洗って皮つきのまま半分に切り、
　 耐熱皿にのせてラップをかけ、
　 電子レンジで6分加熱し、
　 そのまま2分蒸らす。

② 耐熱容器に並べ、断面にマヨネーズを塗って
　 Aをのせ、温めたオーブントースターで
　 チーズがこんがりするまで5〜6分焼く。

つぶしじゃがいも、ハムコーンマヨ

ポテトサラダのお手軽バージョン。チンしたじゃがいもに、酢と油で風味づけするのがミソ。上の具と混ぜながら食べる楽しさといったら！

● 材料（2人分）

じゃがいも（皮をむいて4等分に切る）… 中2個

A｜白ワインビネガー、オリーブ油 … 各小さじ2
　｜塩、粗びき黒こしょう … 各少々

B｜きゅうり（種を除き、1cm幅のいちょう切り）… 1本
　｜玉ねぎ（みじん切り）… ¼個

C｜ロースハム（粗みじん切り）… 4枚　ホールコーン … ½カップ

D｜マヨネーズ … 大さじ4　こしょう … 少々

粗びき黒こしょう … 少々

①　じゃがいもは電子レンジで6分加熱し（p96参照）、水けをきって粗くつぶし、Aを混ぜて器に盛る。

②　Bは塩小さじ⅓（分量外）をふって水けを絞り、C、Dと混ぜ、①にのせて黒こしょうをふる。

もやしとにら、ベーコンのにんにく炒め

ベーコン＆にんにくでガッツリ系？いえいえ、炒めずにのせれば、意外とあっさりしています。レモンが味のまとめ役に。

● 材料（2人分）

A｜もやし … 1袋（200g）　にら（5cm長さに切る）… 1束

ベーコン（3cm長さに切る）… 3枚

B｜塩 … 小さじ⅓　こしょう … 少々

C｜にんにく（たたきつぶし、ざく切り）… 2かけ
　｜サラダ油 … 大さじ½

レモン … 適量

①　耐熱皿にAをのせ、ラップをかけて電子レンジで3分加熱し、水けをしっかりきって器に盛る。

②　フライパンにCを入れて弱火にかけ、薄く色づいたらベーコン、Bを加えて炒める。❶にのせてレモンを添え、レモンを絞って食べる。

スパゲッティ、ブロッコリーのカレータルタルソース

ごろんと大きめのブロッコリーが入ったカレータルタルソースが、絶妙なおいしさ。隠し味のソース、にんにく、しょうがが、味にパンチをきかせてくれます。主食にもなりそうな、ボリューミーなひと皿。

● 材料（2人分）

スパゲッティ … 150g

ブロッコリー（小房に分ける）… ½株

玉ねぎ（薄切り）… ¼個

A　ゆで卵（みじん切り）… 2個

　　マヨネーズ … 大さじ3

　　ウスターソース … 小さじ1

　　カレー粉 … 小さじ½

　　にんにく、しょうが（すりおろす）… 各少々

① 熱湯1.5ℓに塩、サラダ油各大さじ1（ともに分量外）を加え、ブロッコリーを2分ゆでて取り出す。
続けてスパゲッティを加え、袋の表示時間通りにゆで、湯をきって器に盛る。

② 玉ねぎは塩少々（分量外）をふってもみ、水洗いして水けを絞る。
A、水けをふいたブロッコリーとともにボウルに入れて混ぜ、①にのせる。

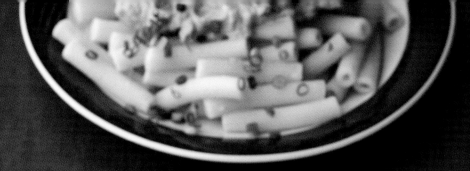

にんじんは電子レンジで火を通すと、甘みがぐんと増す。すりおろすことと、マヨ＋ケチャップ味と合わせることで、さらに食べやすく。

● 材料（2人分）

マカロニ … 150g
にんじん … 大1/2本
半熟ゆで卵（縦4等分に切る）
　… 2個
A｜マヨネーズ … 大さじ3
　｜ケチャップ … 大さじ1
　｜はちみつ … 小さじ1/2
　｜塩 … 小さじ1/4
　｜こしょう … 少々
万能ねぎ（小口切り）　2本

① 熱湯1.5ℓに塩、サラダ油各大さじ1（ともに分量外）を加え、マカロニを袋の表示より3分長くゆで、湯をきって器に盛る。

② にんじんは皮をむき、耐熱皿にのせてラップをかけ、電子レンジで1分30秒加熱し、すりおろして汁けを軽くきる。Aとともにボウルに入れて混ぜ、ゆで卵を加えてざっくり混ぜ、①にのせて万能ねぎを散らす。
＊半熟ゆで卵は、室温に戻した卵を沸騰した湯に入れ、再び煮立ってから7分ゆで、水にとって冷ます

マカロニ、にんじんのオーロラソース

電子レンジでチンしたにんじんは、びっくりするほど甘くておいしい。それをすりおろして、マヨ＋ケチャップソースに加えます。やわらかめにゆでたマカロニと、半熟ゆで卵でやさしい味わい。

春雨、えびとトマトの
にんにくレモンあえ

甘辛酸っぱいにんにくナンプラーだれに、
まずえびをつけて、そのうまみを移します。
おいしさが詰まったこのたれを
ぎゅっと吸った春雨が
つるつるっと至福の味。

ポイント

えびは頭から2〜3番目の殻
の節の間にようじを刺し、背
ワタを引き抜く。このあと殻
つきのままゆでることで、うま
みを逃さぬように。

● 材料（2人分）

緑豆春雨（乾燥・熱湯に5分つけ、
　　水洗いして水けを絞る）… 50g
殻つきえび
　　（ブラックタイガーなど）… 16尾
トマト（くし形切り）… 小2個
きゅうり（縦半分に切って種を除き、
　　1cm幅の斜め切り）… 1本

A｜ナンプラー、砂糖、
　　レモン汁 … 各大さじ1½
　豆板醤（トウバンジャン） … 小さじ½
　にんにく（みじん切り）
　　 … 1かけ

① えびは殻の節の間にようじを刺して
背ワタを除き、熱湯で2〜3分ゆで、
水をかけて冷まし、尾と1節を残して殻をむく。

② ボウルにAを入れて混ぜ、えび、
トマトときゅうりの順に加えてあえる。
器に盛った春雨にのせる。

セロリ、白身魚のナンプラーあえ

魚から作られるナンプラーは、
実は、刺身と相性ぴったり!
うまみをぐっと
引き出してくれます。
これで、山盛りの野菜も
ペロリです。

● 材料(2人分)

セロリ(ピーラーでスライスし、水にさらす)…1本
白身魚の刺身(鯛など・そぎ切り)…大1さく(150g)
A｜ナンプラー…大さじ1
　｜レモン汁…大さじ1/2
　｜オリーブ油…小さじ1
　｜粗びき黒こしょう…少々
ピーナッツ(粗くつぶす)…大さじ3
粗びき黒こしょう…少々

① ボウルにAを入れて混ぜ、刺身を加えてあえる。

② 水けをふいて器に盛ったセロリにのせ、
　ピーナッツと黒こしょうをかける。

万能ねぎと香菜、まぐろ
シャンツァイ

野菜は
万能ねぎだけでもいいし、
かいわれなどでも。
刺身は、まぐろのほか白身魚や、
いか、たこで作ってもおいしい。

● 材料(2人分)

万能ねぎ(斜め薄切りにし、水にさらす)…4本
香菜(葉はつみ、茎は小口切り)…3株
シャンツァイ
A｜ごま油…小さじ2
　｜塩、しょうゆ…各小さじ1/3
まぐろの刺身(そぎ切り)…1さく(150g)

① ボウルに水けをふいた万能ねぎ、
　香菜を入れ、Aを順に加えてあえる。

② 器に盛ったまぐろにのせる。

レタスとセロリ、簡単えびマヨ

はちみつ入りのマヨソースに、
粒マスタードでアクセントを加えて。
えびのころもは、やや厚めのほうが、
ソースがしっかりからんでおいしい。

● 材料（2人分）

レタス（ざく切り）… 1/4個
セロリ（斜め薄切り）… 1本
殻つきえび（ブラックタイガーなど）
　　… 16尾
A｜酒 … 大さじ1
　｜塩、こしょう … 各少々
片栗粉 … 大さじ2
B｜マヨネーズ … 大さじ4
　｜はちみつ … 大さじ1
　｜粒マスタード … 大さじ1/2
サラダ油 … 適量

① えびは殻をむき、背に切り込みを入れて
背ワタを除き、A、片栗粉の順にもみ込む。
フライパンに5mm入れて熱したサラダ油
（180℃）でカリッと1分揚げ、
ボウルに合わせたBであえる。

② 器に盛った野菜にのせる。

えびは包丁で背に切り込みを入れ、背ワタを除く。切り込みは思い切って深く入れると、その部分が開いてソースがよくからむ。

えびにもみ込む片栗粉は、やや多めに。このほうがソースがしっかりとからみ、野菜と合わせて食べるのにちょうどいい味加減に。

ほうれんそう、お手軽えびチリ

ほうれんそうは、油を加えてチンするのがコツ。こうすると、しっとりとおいしく蒸し上がります。こちらのえびのころもは薄めにし、カリッと香ばしく仕上げます。

● 材料（2人分）

ほうれんそう（長さを3等分に切る）… 1束
殻つきえび（ブラックタイガーなど）… 16尾
A｜酒 … 小さじ1
　｜こしょう … 少々
　｜片栗粉 … 大さじ1
B｜長ねぎ（みじん切り）… 1/3本
　｜にんにく、しょうが（みじん切り）
　｜　… 各1かけ
豆板醤（トウバンジャン）… 小さじ1/2～1
C｜ケチャップ、酒 … 各大さじ2
　｜しょうゆ … 大さじ1/2
　｜砂糖、片栗粉 … 各小さじ1
サラダ油 … 適量

① 耐熱皿にほうれんそうをのせ、水大さじ3、塩、サラダ油各少々（すべて分量外）をふり、ラップをかけて電子レンジで4分加熱し、水けをきる。

② えびは殻の節の間にようじをさして背ワタを除き、殻をむいてAをもみ込み、フライパンに5mm入れて熱したサラダ油（180℃）でカリッと1分揚げる。

③ フライパンに油大さじ1/2を残して熱し、B、豆板醤の順に香りが出るまで炒め、混ぜたCを加えて混ぜてとろりとしたら、❷をからめる。器に盛った❶にのせる。

えびに薄めに片栗粉をまぶしたら、少なめの油でカリッと揚げるのがコツ。えびがかたくならないように、揚げ時間は1分くらいに。

焼きアスパラ、ほたてのソテー カレー味

焼いたほたてをたれにつけ、うまみたっぷりのドレッシングを作ります。ほたてもろとも野菜にかければ、ボリューム満点のおかずサラダに。

● 材料(2人分)

グリーンアスパラ(長さを半分に切る)… 8本
ほたて貝柱(刺身用)… 6個
A┃ 紫玉ねぎ(または玉ねぎ・みじん切り)… 1/4個
 ┃ 白ワインビネガー(または酢)… 大さじ1
 ┃ カレー粉 … 小さじ1
 ┃ 塩 … 小さじ1/4
オリーブ油 … 大さじ1

① ボウルにAを合わせ、5分おく。
ほたては塩、こしょう各少々をふり、
サラダ油少々(すべて分量外)を塗った
グリルパン(またはフライパン)に
アスパラとともに並べ、
中火で全体をこんがりと焼く。

② Aにほたて、オリーブ油を加えてあえ、
器に盛ったアスパラにのせる。

アボカド、玉ねぎ、焼きたらこ

とろりとおいしいアボカドに、相性抜群のたらこを合わせました。わさびじょうゆのたれをかければ、ごはんがますますほしくなる味。

● 材料(2人分)

アボカド(種と皮を除き、薄切り)… 1個
玉ねぎ(薄切りにし、水にさらす)… 1個
たらこ … 1腹(2本・80g)
A┃ 酢、オリーブ油 … 各大さじ1/2
 ┃ しょうゆ、おろしわさび … 各小さじ1

① 耐熱皿にたらこをのせ、ラップをかけて
電子レンジで1分加熱し、
粗熱がとれたら斜め薄切りにする。

② 器に盛ったアボカドに、水けをきった
玉ねぎとともにのせ、混ぜたAをかける。

ポイント

アボカドは包丁で縦に1周切り込みを入れ、手でねじって半分に割る。

包丁の角を種に刺し、少しひねってはず。このあと手で皮をむく。

3

ぐぐっとスパイシーに！

つまみのっけサラダ

野菜と一緒にお酒を飲むと、
食べすぎたりしないし、悪酔いもしない。
チョリソー、かまぼこ、高菜漬けなどの
味の出る食材と合わせたり、
にんにく、しょうが、ラー油をピリッときかせると、
ぐんとお酒がすすむ、おつまみサラダになります。

つぶしじゃがいも、チョリソーの粒マスタードあえ

じゃがいもは、チョリソーをのせて一緒に加熱することで、肉のうまみとおいしい脂、香りをたっぷりしみ込ませます。トマトを加えれば、あと味さっぱり。

● 材料（2人分）

じゃがいも（皮をむいて
　4等分に切る）… 中2個

チョリソー
　（斜め4等分に切る）… 3本

A｜トマト（くし形切り）
　　… 小2個
　｜粒マスタード … 大さじ1
　｜オリーブ油 … 小さじ1
　｜塩 … 小さじ1/4
　｜にんにく（すりおろす）
　　… 少々

① 耐熱皿にじゃがいも、チョリソーをのせ、
　ラップをかけて電子レンジで6分加熱し、
　そのまま2分蒸らす。じゃがいもは器にのせ、
　ざっくりつぶす。

② Aを合わせてチョリソーを混ぜ、❶にのせる。

カリカリポテト、香菜、黒こしょう

水をふってチンしたじゃがいもに直接粉を加えてころもにし、カリカリに揚げます。黒こしょうをガリガリッで一気につまみ味に。

● 材料（2人分）

じゃがいも（皮ごと5mm角の
　棒状に切る）… 中2個

A｜水 … 大さじ2
　｜こしょう … 少々

B｜小麦粉 … 大さじ3
　｜香菜の茎（小口切り）… 2株分

サラダ油 … 適量
香菜の葉 … 2株分

C｜塩 … 小さじ1/4
　｜粗びき黒こしょう
　　… 小さじ1/2

① じゃがいもはさっと洗って耐熱皿にのせ、
　Aをふってラップをかけ、電子レンジで4分
　加熱する。Bを混ぜ、フライパンに1cm入れて
　熱したサラダ油（180℃）の強火でカリッと揚げる。

② 器に盛って香菜の葉をのせ、Cをふる。

枝豆のごま油あえ、長ねぎ

アメリカのデリで流行中のごま風味フレーバー枝豆。私が好きなのは、こんなごま風味です。長ねぎと合わせれば、日本酒にもぴったり。

枝豆、クリームチーズ豆板醤（トゥバンジャン）

クリームチーズに豆板醤で辛みを、ナンプラーで風味をつけます。ゆでたじゃがいも、にんじんにつけてディップにしても美味。

● 材料（2人分）

枝豆（ゆでてさやから出す）… ½カップ
A｜クリームチーズ（室温に戻す）… 40g
　｜ナンプラー … 小さじ1
　｜豆板醤（トゥバンジャン）… 小さじ½
　｜にんにく（すりおろす）… 少々
粗びき唐辛子（あれば）… 少々

① 器に枝豆を盛り、混ぜたAをのせ、唐辛子をふる。

● 材料（2人分）

枝豆（ゆでてさやから出す）… ½カップ
A｜黒いりごま … 小さじ2
　｜ごま油 … 小さじ½
　｜塩 … 小さじ¼
長ねぎ（せん切りにし、水にさらす）… 5cm

① ボウルに枝豆を入れ、Aを加えてあえる。水けをきって器に盛った長ねぎにのせる。

アボカド、いぶりがっこクリームチーズ

居酒屋さんで食べたメニューからヒントを得たひと皿。いぶりがっこのスモーク風味が移って、クリームチーズが別もののおいしさに。

● 材料（2人分）

アボカド（種と皮を除き、
　5mm幅に切る・p104参照）
　… 1個
塩、こしょう … 各少々
A｜いぶりがっこ … 15枚
　｜クリームチーズ、
　｜　マヨネーズ … 各大さじ1

いぶりがっこのがっことは漬けもののことで、秋田の特産品で、大根をくん製にしてぬかや塩で漬けたもの。独特のくん製の香りが特徴で、刻んでごはんに混ぜても美味。

① 器にアボカドを盛って塩、こしょうをふり、混ぜたAをのせる。

春菊、かまぼこのコチュジャンあえ

かまぼこのかわりに、いかや白身魚の刺身、ちくわでも。隠し味に加えた梅干しで、ぐぐっとうまみが増します。

● 材料（2人分）

春菊（葉はつみ、茎は斜め薄切り）
　… 1/2束
かまぼこ（細切り）… 4cm
A｜コチュジャン … 大さじ1
　｜梅干し（たたく）、ごま油
　｜　… 各小さじ1
　｜しょうゆ、砂糖 … 各小さじ1/2
　｜にんにく、しょうが（すりおろす）
　｜　… 各少々

コチュジャンは、ビビンバに使うことでおなじみの、韓国の甘みのある唐辛子みそ。あえもの、炒めもののほか、マヨネーズと混ぜてソースにしても。

① ボウルにAを入れて混ぜ、かまぼこを加えてあえる。器に盛った春菊にのせる。

トルティーヤの
チーズ焼き、
アボカドとパプリカ

トルティーヤとサルサとチーズ、
ビールがすすむ
おなじみの取り合わせですが、
カラフルな野菜をのせることで
ぐんとよそゆきのひと皿に。
アボカドのコクが、
チーズのうまみを深めます。

● 材料（2人分）

トルティーヤチップス … 20枚
市販のサルサソース … 大さじ4
ピザ用チーズ … 1/2カップ
A│アボカド（種と皮を除き、
　│　1cm角に切る・p104参照）… 1/2個
　│パプリカ（赤・1cm角に切る）… 1/2個
　│香菜（みじん切り）… 大さじ1
　│塩、タバスコ … 各少々

① 耐熱容器にトルティーヤ、サルサ、
　チーズの順にのせ、
　温めたオーブントースターで
　こんがりするまで7～8分焼く。

② 混ぜたA、ちぎった香菜の葉
　（あれば・分量外）をのせる。

サルサソースは、みじん
切りにしたトマト、玉ねぎ、
ピーマンなどをタバスコと
レモン汁に漬けたもの。
メキシコ料理には欠かせ
ない調味料。

豆苗、れんこんチップ、カレー粉

れんこんは、塩水につけて余分な水分を抜くのと、低温の油で、中火でじっくり揚げること。この2つを守れば、とびきりカリッカリに。相性のいいカレー粉をふるだけで、生の豆苗がもりもり食べられます。

● 材料（2人分）

豆苗（長さを3等分に切る）… 1袋
れんこん（薄切りにし、水洗いする）… 1節（150g）
A｜塩 … 大さじ ½
　｜水 … 1¼カップ
揚げ油 … 適量
カレー粉 … 小さじ ½

① れんこんはAにつけて30分おき、
　キッチンペーパーで水けをふき、
　低温（160℃）の揚げ油で時々返しながら、
　泡が出てこなくなるまで
　中火でじっくり揚げる。

② 器に盛った豆苗にのせ、
　カレー粉をふる。

ポイント

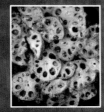

れんこんは160℃の低温の油に入れ、じっくり水分をとばすようにして揚げるのがコツ。こんなふうに泡が出てこなくなれば、カリッと揚がったサイン。

水菜、サラミの粉チーズあえ

せん切りにしたサラミにドレッシングと粉チーズをまぶし、水菜となじむようにするのがコツ。サニーレタス、ベビーリーフ、ルッコラで作っても。

● 材料(2人分)

水菜(3〜4cm長さに切る)… ½束
サラミ(せん切り)… 10枚
A｜粉チーズ … 大さじ2(仕上げ用に少し残す)
　｜白ワインビネガー(または酢)、オリーブ油 … 各大さじ½
　｜塩、粗びき黒こしょう … 各少々
粗びき黒こしょう … 少々

① ボウルにAを入れて混ぜ、サラミを加えてあえる。
器に盛った水菜にのせ、残りの粉チーズ、黒こしょうをふる。

豆苗(トウミョウ)、ツナめんつゆわさび

あっさりとした生の豆苗と合わせるので、ツナにマヨネーズを加えて、コクをプラス。ほのかなわさびの香りが、クセになる味。

● 材料(2人分)

豆苗(トウミョウ)(長さを3等分に切る)… 1袋
ツナ缶(汁けを軽くきる)… 小1缶(70g)
A｜めんつゆ(ストレート)、マヨネーズ … 各大さじ1
　｜おろしわさび … 小さじ1

① ボウルにAを入れて混ぜ、ツナを加えてあえる。
器に盛った豆苗にのせる。

サニーレタス、揚げワンタン、チリソース

ワンタンの皮は冷たい油に入れてから泡が出なくなるまで揚げると、この上なくカリカリに！あとは、スイートチリソースをたーっでOK。

ベビーリーフ、ピーナッツ、ラー油

香ばしく炒めたピーナッツに、からめたラー油のピリリがアクセント。辛いのが苦手なら、半量をごま油にしても。

● 材料（2人分）

ベビーリーフ … 1袋
ピーナッツ … 大さじ5
ラー油 … 大さじ1/2
塩 … 少々

① フライパンにピーナッツを入れて中火にかけ、少しこげめがつくまでからいりし、ラー油をからめる。器に盛ったベビーリーフにのせ、塩をふる。

● 材料（2人分）

サニーレタス（ひと口大にちぎる）… 3枚
ワンタンの皮（4等分の三角形に切る）… 10枚
市販のスイートチリソース … 大さじ3
サラダ油 … 適量

① フライパンに5mmのサラダ油、ワンタンの皮を入れて中火にかけ、泡が出なくなるまでカリッと揚げる。

② 器に盛ったサニーレタスにのせ、チリソースをかけ、ワンタンの皮をくずして混ぜながら食べる。

ポイント

ワンタンの皮は、冷たい油に入れて揚げるとカリカリに、低温（160℃）に熱してからだと、モロモロッとした食感に仕上がる。泡が出なくなるまで揚げるのがコツ。

みょうが、高菜の ごま油あえ

香りのいいみょうがで作る、おしゃれな一品です。高菜に豆板醤を加えて、味にパンチを。みょうがのかわりに、長ねぎでも美味。

● 材料 (2人分)

みょうが(縦半分に切って薄切りにし、水にさらす)… 3個

A│高菜漬け(さっと洗い、せん切り)… ¾カップ(100g)
│白いりごま、ごま油 … 各大さじ1
│豆板醤 … 小さじ½

① 器に混ぜたAを盛り、水けをきったみょうがをのせる。

レタス、アボカド、たらこの ゆずこしょう あえ

たらこにゆずこしょうをピリッときかせて、レモン汁の香りも加えました。とろりとしたアボカドにからみます。

● 材料 (2人分)

レタス(細切り)… ⅓個
アボカド(種と皮を除き、くし形切り・p104参照)… 1個

A│たらこ(薄皮を除く)… ½腹(1本・40g)
│レモン汁、オリーブ油 … 各小さじ2
│ゆずこしょう … 小さじ½

① 器にレタスを盛り、アボカドをのせ、混ぜたAをかける。

4 ちびのっけサラダ

キャベツ、明太ごま油

明太子をおいしく食べたいから、
大きめに切って存在感を出して。
ごま油が香る、ごはんにも合うサラダです。

● 材料（2人分）

キャベツ（せん切り）…2枚

A 明太子（1cm 幅に切る）
　　…½ 腹（1本・40g）
　　長ねぎ（みじん切り）…3cm
　　ごま油…小さじ ½
　　粗びき黒こしょう…少々

1 器にキャベツを盛り、
　混ぜたAをのせる。

レタス、ザーサイ、しょうが

うまみたっぷりのザーサイに、
しょうがで香りと辛みを加えます。
一味唐辛子や、黒こしょうをふっても。

● 材料（2人分）

レタス（ひと口大にちぎる）…¼ 個

A 味つきザーサイ（びん詰）
　　…約 ⅓ びん（30g）
　　しょうが（せん切り）…1かけ
　　しょうゆ…小さじ ½

1 器にレタスを盛り、
　混ぜたAをのせる。

114

キャベツ、ゆかり、桜えび

ゆかりの風味と塩分、桜えびの香りで、
山盛りのキャベツもペロリ。
ほんの少しの油で、味わいをまろやかに。

● 材料（2人分）

キャベツ（ひと口大にちぎる）… 2枚
A｜ゆかり … 小さじ 1/3
　｜桜えび … 大さじ3
オリーブ油 … 小さじ 1/2

1. 器にキャベツを盛り、Aをのせ、
オリーブ油をかける。

キャベツ、しらす、しば漬け

野菜はこのほか炒めたキャベツ、
電子レンジで加熱したじゃがいもでも。
しば漬けの汁を加えると、味に深みが出ます。

● 材料（2人分）

キャベツ（ひと口大にちぎる）… 2枚
A｜しらす … 大さじ4
　｜しば漬け（薄切り）… 大さじ2
　｜しば漬けの汁（あれば）… 小さじ1

1. 器にキャベツを盛り、
混ぜたAをのせる。

きゅうり、明太マヨ、韓国のり

明太子とマヨネーズは混ぜすぎずに、マーブル状くらいで見た目に変化を。焼きのり＋ごま油をかけても美味。

● 材料（2人分）

きゅうり（すりこ木でたたき、
　ひと口大に割る）… 1本
A｜明太子（薄皮を除く）… 1/2腹（1本・40g）
　｜マヨネーズ … 大さじ1
韓国のり（ちぎる）… 小5枚

1　器にきゅうりを盛り、
　ざっくり混ぜたA、韓国のりをのせる。

韓国のりは、塩とごま油で味つけされた風味豊かなのり。ごはんの友としてはもちろん、あえものやサラダ、スープなどに加えてもよく合う。

きゅうり、かにかま、しょうがめんつゆ

めんつゆ＋しょうが＋おかかは、何にかけてもおいしい万能だれ。たたいたきゅうりにしっかりからみます。

● 材料（2人分）

きゅうり（すりこ木でたたき、
　ひと口大に割る）… 1本
かにかま（ほぐす）… 2本
A｜めんつゆ（ストレート）… 大さじ1
　｜しょうが（みじん切り）… 1かけ
　｜削り節 … 1パック（5g）

1　器にきゅうりを盛り、かにかまをのせ、
　混ぜたAをかける。

にんじん、はんぺん、ポン酢ゆずこしょう

手でちぎったはんぺんの食感が新鮮。
ゆずこしょうがピリッと香るポン酢で、
にんじんがたっぷり食べられます。

● 材料（2人分）
にんじん（スライサーで細めのせん切り）
…¼本
はんぺん（ちぎる）… 1枚
A｜ポン酢じょうゆ … 大さじ1
　｜ゆずこしょう … 小さじ ½

① 器にはんぺんを盛り、
　にんじんをのせ、
　混ぜたAをかける。

プチトマト、梅クリームチーズ

甘酸っぱいプチトマトにのせたのは、
梅干し＋クリームチーズ！
少しのマヨネーズでコクを足します。

● 材料（2人分）
プチトマト（半分に切る）… 10個
A｜クリームチーズ（1cm角に切る）… 40g
　｜梅干し（たたく）、マヨネーズ … 各大さじ ½

① 器にプチトマトを盛り、
　混ぜたAをのせる。

水菜、とんぶり、ごまだれ

すりごまとめんつゆで手早く作れる、
あっさりめのごまだれをかけて。
とんぶりのプチプチ食感が楽しい。

● 材料（2人分）
水菜（3cm長さに切る）… ¼束
とんぶり … 大さじ3
A｜白すりごま、めんつゆ（ストレート）
　｜… 各大さじ2
　｜酢、ごま油 … 各小さじ1

① 器に水菜を盛り、とんぶりをのせ
　混ぜたAをかける。

とんぶりは「畑のキャビア」とも呼ばれるホウキギの果実。納豆、アボカドと混ぜたり、のりのつくだ煮、わさびとあえてもおいしい。

ピーマン、塩昆布、じゃこ

ピーマンは繊維を断つように切って、クセをやわらげるのがポイント。キャベツやにんじんで作ってもおいしい。

● 材料（2人分）

ピーマン（横にせん切り）… 4個
ごま油 … 小さじ ½
A｜塩昆布 … ふたつまみ
　｜ちりめんじゃこ … 大さじ2

①　耐熱皿にピーマンをのせて
　ごま油をふり、ラップをかけて
　電子レンジで1分加熱し、混ぜる。
　器に盛り、Aをのせる。

アスパラ、ゆで卵、チリソース

スライスしたゆで卵をのせるだけで、ボリューム満点、見た目もかわいい。チリソースで味はピタリ。

● 材料（2人分）

グリーンアスパラ
　（長さを半分に切る）… 6本
やわらかめの固ゆで卵
　（3等分の輪切り）… 2個
塩 … 少々
市販のスイートチリソース … 大さじ2

①　耐熱皿にアスパラをのせ、
　水大さじ ½ をふり、ラップをかけて
　電子レンジで1分30秒加熱する。
　器に盛ってゆで卵をのせ、塩をふり、
　チリソースをかける。
　＊やわらかめの固ゆで卵は、室温に戻した
　卵を沸騰した湯に入れ、再び煮立ってから
　8分ゆで、水にとって冷ます

トマト、しば漬け、ポン酢

カリカリおいしいごはんの友・しば漬けは、サラダの具材としても活躍。オリーブ油のかわりに、ごま油をかけても。

● 材料（2人分）

トマト（7〜8mm厚さの輪切り）… 小2個
しば漬け（みじん切り）… 大さじ3
A｜ポン酢じょうゆ … 小さじ1
　｜オリーブ油 … 大さじ ½

①　器にトマトを盛り、しば漬けをのせ、
　Aを順にかける。

いんげん、コチュジャン酢みそ、ナッツ

ブロッコリーのわさびマヨあえ、しらす

コチュジャンを加えた酢みそは、いろいろ使えるたれなので、ぜひ覚えて。長ねぎやにんにくを加えて、刺身にかけても。

先にブロッコリーをわさびマヨであえ、しっかり味つけするのがミソ。しらすとわさび、やっぱり相性抜群です。

● 材料（2人分）

ブロッコリー（小房に分け、
　水につける）… ½株
A｜マヨネーズ … 大さじ2
　｜おろしわさび … 小さじ½
しらす … 大さじ2

1　耐熱皿に水けを軽くきった
　ブロッコリーをのせ、
　ラップをかけて電子レンジで
　2分30秒加熱し、そのまま1分蒸らす。
　水けをきってAであえ、
　器に盛ってしらすをのせる。

● 材料（2人分）

いんげん … 20本
A｜コチュジャン … 小さじ2
　｜みそ、水 … 各小さじ1
　｜酢、砂糖 … 各小さじ½
ピーナッツ（粗く刻む）… 大さじ3

1　耐熱皿にいんげんをのせ、
　水大さじ1をふり、ラップをかけて
　電子レンジで2分加熱する。
　水けをきって器に盛り、混ぜたAをかけ、
　ピーナッツをのせる。

5 常備菜 ◎ 塩鶏

のっけサラダ

塩をすり込んで、うまみを凝縮させた鶏肉を
香味野菜と一緒に電子レンジで加熱するだけ。
かたまりのまま蒸し汁につけて保存すると、
しっとりとおいしい状態を維持できます。

● 材料（5〜6人分）

鶏むね肉（皮を除いたもの）
　　… 小3枚（450g）
塩 … 大さじ1
A　長ねぎの青い部分（ぶつ切り）
　　　　… 1本分
　　しょうがの皮 … 2かけ分
　　酒 … 大さじ1

① 鶏肉は塩をすり込んで2時間〜ひと晩おき、
水けをふいて耐熱皿にのせ、Aを加えて
ラップをかけて電子レンジで7分加熱し、
そのまま冷ます。

＊野菜を除き、蒸し汁ごと容器に入れて保存し、日持ちは
冷蔵室で1週間。細かくさいてファスナー式の保存袋に平
らに入れ、冷凍室で1か月くらい。炒めもの、スープ、春
巻きの具にしても

ポイント

鶏肉は香味野菜をのせてチン
したら、ラップをかけたまま冷
ましてしっとりさせる。さいて
しまうとパサつくので、かたま
りのまま汁につけて保存を。

わかめと
しょうがを
のせて

たっぷりのわかめと合わせて、
あっさりとしたヘルシーサラダに。
トッピングのしょうががポイントです。

● 材料(2人分)

塩鶏(細かくさく)…1枚分
塩蔵わかめ(水に5分つけて戻し、
　食べやすく切る)…50g

A｜酢…小さじ1
　｜オリーブ油…大さじ1
　｜しょうゆ…小さじ½
しょうが(せん切り)…1かけ

① 器に塩鶏を盛り、
　Aであえたわかめ、しょうがをのせる。

長ねぎと
香菜(シャンツァイ)にのせて

ごま油であえた、
香りのいい野菜とともに。
黒こしょうや一味唐辛子をふっても
味が引きしまります。

● 材料(2人分)

塩鶏(細かくさく)　1枚分
A｜長ねぎ(4cm長さのせん切りにし、
　｜　水にさらして水けをきる)…½本
　｜香菜(シャンツァイ)(葉はつみ、茎は小口切り)…4株
ごま油…小さじ2

① 器にごま油であえたAを盛り、
　塩鶏をのせる。

ひじきといえば、甘辛煮がおなじみですが、カレー味にすると、ぐんとごはんがすすみます。白ワインでクセをなくすのと、マヨネーズで炒めてコクを加えるのがコツ。

● **材料（5〜6人分）** ＊約4カップ分

芽ひじき（乾燥・水につけて戻す）… 1カップ（60g）

ロースハム（半分に切ってせん切り）… 5枚

A｜玉ねぎ（みじん切り）… ½個
　｜にんにく、しょうが（すりおろす）
　｜　… 各1かけ

白ワイン … 大さじ3

B｜ケチャップ … 大さじ3
　｜カレー粉 … 大さじ1
　｜塩 … 小さじ1

マヨネーズ … 大さじ4

① フライパンにマヨネーズの半量、Aを入れて弱火で炒め、しんなりしたら水けをきったひじき、ハムを加えて中火で2〜3分炒める。

② 白ワインをふって煮立たせ、残りのマヨネーズ、Bを加え、汁けがなくなるまで炒める。

＊冷めたら容器に入れて保存し、日持ちは冷蔵室で1週間。ファスナー式の保存袋に平らに入れ、冷凍室で1か月くらい。レタス、キャベツ、トマトのほか、ごはんやパスタにのせたり、チャーハンの具にしても

厚揚げに
のせて

おつまみにもなる
ボリュームのあるひと皿。
ピザ用チーズをのせて、
オーブントースターで焼いても美味。

● 材料（2人分）

ひじきのカレーマヨ炒め … ½カップ
厚揚げ … 1枚

① 厚揚げはオーブントースターでこんがりと焼き、
食べやすく切る。電子レンジで1分温めた
ひじきをのせる。

春雨に
のせて

つるつるっと
めんのようにいただきます。
きゅうりや紫玉ねぎを加えて、
ボリュームアップしても。

● 材料（2人分）

ひじきのカレーマヨ炒め … 1カップ
緑豆春雨（乾燥・熱湯に5分つけ、
　水洗いして水けを絞る）… 60g
万能ねぎ（小口切り）… 2本

① 器に春雨を盛り、ひじきと万能ねぎをのせる。

◎台湾風肉そぼろ

ひき肉はほぐしすぎないくらいのほうが、かたまり感が残っておいしい。

多めのしょうゆを加えて煮詰め、五香粉（ウーシャンフェン）を加えると、一気に本格味に。

● 材料（5～6人分） ＊約4カップ分

豚ひき肉 … 500g

A | 玉ねぎ（みじん切り）… ¼個
　 | にんにく（みじん切り）… 1かけ

しょうゆ … ½カップ

B | 酒 … 大さじ3
　 | 砂糖 … 大さじ1
　 | 五香粉（ウーシャンフェン） … 小さじ½
　 | こしょう … 少々

サラダ油 … 大さじ2

① 鍋にサラダ油、Aを入れて弱火にかけ、薄く色づいたらひき肉を加えて強火で炒め、パラパラになったらしょうゆを回し入れ、2分煮詰める。

② Bをからめ、水2カップを加え、弱火でふたをしないで汁けが少し残るまで30分煮る。

＊冷めたら容器に入れて保存し、日持ちは冷蔵室で10日。ファスナー式の保存袋に平らに入れ、冷凍室で1か月くらい。ごはんやめんにかけてもおいしい

五香粉（ウーシャンフェン）は、八角、シナモン、フェンネル、クローブ、花椒（ホワジャオ）などを混ぜた中国のミックススパイス。少量でも複雑で個性的な香りが広がる。肉や魚の臭み消し、から揚げなどに。

せん切りキャベツにのせて

おいしいそぼろと一緒に汁もかけるのがコツです。ゆで卵を合わせれば、ボリュームも満点。

● 材料 (2人分)

台湾風肉そぼろ … 1/2カップ
キャベツ (せん切り) … 4枚
ゆで卵 (薄切り) … 1個

① 器にキャベツを盛り、電子レンジで2分温めた肉そぼろ、ゆで卵をのせる。

ゆでもやしにのせて

淡泊なもやしも、ひき肉のうまみと五香粉(ウーシャンフェン)の香りをまとわせれば、一気にごちそうサラダに。

● 材料 (2人分)

台湾風肉そぼろ … 1/2カップ
もやし … 1袋 (200g)
香菜(シャンツァイ)の葉 (あれば) … 少々

① 耐熱皿にもやしをのせ、ラップをかけて電子レンジで2分加熱し、水けをしっかりきって器に盛る。電子レンジで2分温めた肉そぼろ、香菜の葉をのせる。

れんこんの塩きんぴら

れんこんは、強火でこんがり焼きつけると
香ばしさが加わって、ぐんとおいしい。
ほんのりみりんをきかせた塩味です。

● 材料（2人分）と作り方

① 器に3cm長さに切った
水菜1/4束を盛り、
れんこんの塩きんぴら
1カップをのせ、
白いりごま少々をふる。

水菜に
のせて

● 材料（5〜6人分）　＊約3カップ分

れんこん（薄い半月切り）… 2節（300g）
A｜塩 … 大さじ1/2
　｜みりん … 大さじ2
ごま油 … 大さじ2

① フライパンにごま油を熱し、れんこんを
強火でこんがりと5〜6分炒め、
Aを加えて汁けがなくなるまで炒める。

＊冷めたら容器に入れて保存し、日持ちは冷
蔵室で3〜4日。ファスナー式の保存袋に平
らに入れ、冷凍室で1か月くらい。ベビーリー
フなどのやわらかい葉野菜、香りのある春菊
や長ねぎ、わかめにのせても

126

◎味つき卵

しょうゆとみりんが同量の
うちで人気のやや甘めの味つけです。
うずら卵で作ってもかわいい。

● 材料（2人分）と作り方

① いんげん10本は半分に切り、
耐熱皿にのせて
水大さじ½をふり、
ラップをかけて電子レンジで
2分加熱する。水けをきって
器に盛り、塩少々をふり、
半分に切った味つき卵
2個をのせる。

ゆでいんげんにのせて

● 材料（5～6人分）

卵 … 6個

A | しょうゆ、みりん … 各大さじ2
　 | 水 … ½カップ

① 卵は室温に戻し、沸騰した湯に入れて
再び煮立ってから6分ゆで、
水にとって冷まし、殻をむく。

② 小鍋にAを入れてひと煮立ちさせ、
粗熱がとれたら❶とともに
ポリ袋に入れ、半日以上漬ける。
＊日持ちは冷蔵室で1週間くらい。焼いた
きのこにのせても

料理製作

藤井 恵 （ふじい めぐみ） p1〜15、p27〜35、p55〜73、p75〜127

1966年、神奈川県生まれ。管理栄養士。女子栄養大学卒業後、料理番組、フードコーディネーターのアシスタントなどを経て、料理研究家に。著書に『「からだ温め」万能だれで免疫力アップごはん』『50歳からのからだ整え2品献立』『和えサラダ』『世界一美味しい！やせつまみの本』『家庭料理のきほん200』『のっけ弁100』『から揚げ、つくね、そぼろの本』『ギョウザ、春巻き、肉団子の本』（すべて小社刊）など多数。
Instagram：@ fujii_megumi_1966

つむぎや p16〜26、p36〜54、p74

1974年、神奈川県生まれの金子健一と、1976年、山形県生まれのマツーラユタカの男性2人からなるフードユニット。金子氏は2017年から長野県松本市で季節の地元食材が味わえる食堂「アルプスごはん」を、マツーラ氏は2019年から山形県鶴岡市で妻の暮らしの装飾家・ミスミノリコと「manoma」を営んでいる。著書に『世界一美味しい！和食パスタの本』（共著）『和食つまみ100』（ともに小社刊）など。
http://www.alpsgohan.com　Instagram：@ alps.gohan
https://manoma-tsuruoka.com　Instagram：@ matsu_tsumugiya

世界一美味しい！のっけレシピの本

編集人／足立昭子
発行人／倉次辰男
発行所／株式会社 主婦と生活社
　　　　〒104-8357　東京都中央区京橋3-5-7
　　　　☎03-3563-5321（編集部）
　　　　☎03-3563-5121（販売部）
　　　　☎03-3563-5125（生産部）
　　　　https://www.shufu.co.jp
　　　　ryourinohon@mb.shufu.co.jp
印刷所／凸版印刷株式会社
製本所／共同製本株式会社
ISBN978-4-391-15705-5

アートディレクション・デザイン／小林沙織（カバー、p1〜15、p128）
　　　　　　　　　　　　　　　　嶌村美里（studio nines）

撮影／木村 拓（東京料理写真）
スタイリング／大畑純子

取材／渋江妙子、久保木 薫
校閲／滄流社
編集／足立昭子

＊本書は、別冊すてきな奥さん『のっけめん100』『のっけサラダ100』をもとに、新規取材を加えて再編集した『のっけレシピベスト190』を書籍化したものです。内容は同じですので、ご注意ください。